新物流培训系列

数智物流

数智物流 | 5G供应链重构的关键技术及案例

陈晓曦◎著

中国经济出版社
CHINA ECONOMIC PUBLISHING HOUSE
·北 京·

图书在版编目（CIP）数据

数智物流：5G 供应链重构的关键技术及案例 / 陈晓曦著．--北京：中国经济出版社，2020.7

ISBN 978-7-5136-6067-9

Ⅰ.①数… Ⅱ.①陈… Ⅲ.①供应链管理—研究 Ⅳ.①F252.1

中国版本图书馆 CIP 数据核字（2020）第 036821 号

责任编辑 夏军城
责任印制 马小宾
封面设计 任燕飞

出版发行 中国经济出版社
印 刷 者 北京富泰印刷有限责任公司
经 销 者 各地新华书店
开 本 710mm×1000mm 1/16
印 张 12.5
字 数 160 千字
版 次 2020 年 7 月第 1 版
印 次 2020 年 7 月第 1 次
定 价 58.00 元
广告经营许可证 京西工商广字第 8179 号

中国经济出版社 网址 www.economyph.com 社址 北京市东城区安定门外大街 58 号 邮编 100011
本版图书如存在印装质量问题，请与本社销售中心联系调换（联系电话：010-57512564）

前言 Preface

从物流自身发展周期来看，2019—2022 年是新旧物流交替的重要节点。从国家政策层面来看，物流相关政策密集出台，国家支持、鼓励物流行业创新发展，为物流行业进入新周期搭桥铺路。从投融资层面来看，资本在 2015—2018 年进入物流领域的动作与步伐明显加大、加快，资本由内而外地推动物流行业走进新周期。从科技应用层面来看，物流新技术逐渐融入各个物流运作环节，或提升运作效率，或降低整体成本，从不同维度、不同层面给物流行业注入了新活力。从零售行业现状来看，新零售业态不断推陈出新，渠道整合、渠道下沉对物流与供应链的服务运营提出了更高要求，新零售在催生新物链。

物流行业进入以存量竞争为主的新阶段，物流企业为了扩充业务版图、强化竞争优势，开始由传统物流服务商向供应链服务商转变，由单一物流服务向综合物流服务发展。物流企业一方面积极开展资本运作，携雄厚资金去收购、控股或投资各业务板块中的目标公司，整合自己的版图，构建核心资源与能力；另一方面依靠科技投入，开展商业模式、运作方式等方面的创新，通过科技创新提升效率，构筑护城河，提升盈利能力。

现在一些人，开口必谈智慧物流，把“无人化”视为物流行业的未来，这是一种很危险的思路，很容易将企业引向一条不归路。既然“无人化”不能成为多数物流企业首选的运作模式，那么物流企业经营者有哪些可选项？在降本增效的大潮流中，物流企业有哪些实现路径？物流企业如何借用峰终定律、卡诺模型等现代管理理念来提升服务水平与客户满意度？面对人力成本的持续上升，又有哪些有效的应对措施？……

本书围绕上述种种问题，结合翔实的数据和案例，逐一展开叙述，希望能为企业经营管理者提供一些参考和启发。

目录
Contents

上篇 物流大趋势

下篇　供应链重构及案例

第四章　新物流、新物链

第五章　供应链重构难点

第六章　供应链重构的关键技术

第七章 供应链重构的主要方式

第八章 供应链重构实战案例

上篇

物流大趋势

第一章　物流新周期

一、中国物流新周期

自阿里巴巴 2018 年 6 月提出“新物流”概念，新物流引起广泛关注。有人说物流与供应链大变革将至，中国物流已进入新周期。之所以这样说，理由有以下四点。

1. 物流行业已到新旧交替的节点

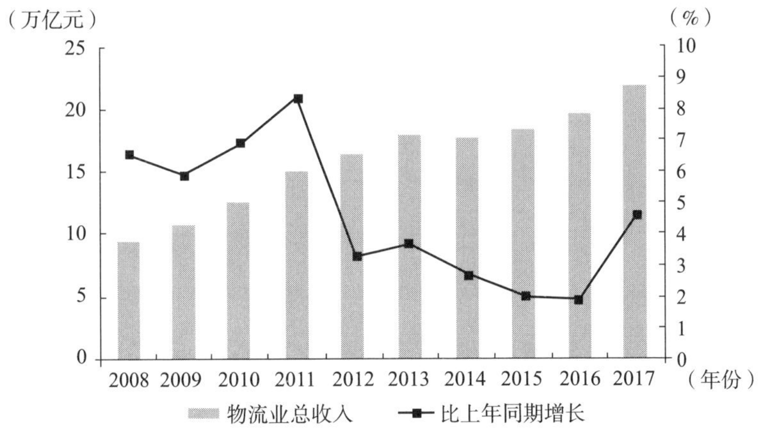

图 1-1　2008—2017 年物流业总收入及增长情况

资料来源：中物联。

从图 1-1 我们可以看到，2012 年之前，我国物流业总收入基本上保持 15%以上的增长速度；2012 年之后，则降到 7%左右，2012 年是我国物流业由高速向中低速转变的节点。

从图 1-2 我们可以看到，我国三方物流市场 2009—2014 年年均增长

20.1%；2015—2017 年年均增长 6.5%，2015 年是我国三方物流由高速向中低速转变的节点。

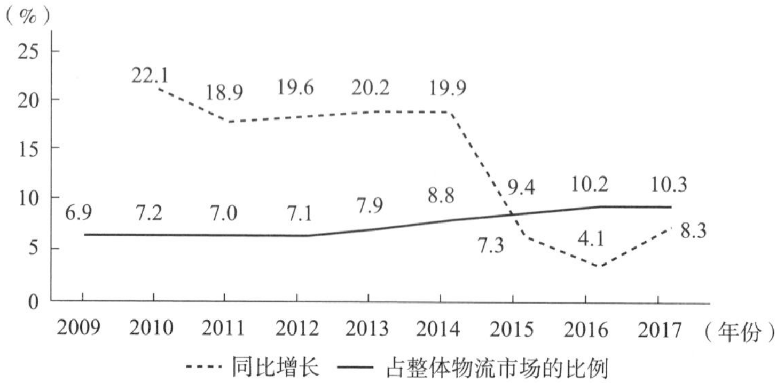

图 1-2　2009—2017 年我国三方物流发展情况

因此，可以确定，2012—2015 年是我国物流业一个新旧周期交替的分水岭。有研究表明，物流行业一般 7 年左右为一个发展周期。以此来看，2019—2022 年又将是一个重要节点。

2017 年我国三方物流收入占整体物流市场比例为 10.3%；而欧美、日、韩等经济发达体 2016 年的平均占比为 10.7%。换句话说，我国三方物流占整个物流市场的比例已非常接近经济发达体，未来很难再有高速增长。这从侧面说明我国物流业又站在了一个新旧周期的路口。

2. 国家对物流行业的关注与政策支持力度明显加强

近年来，相关政策密集出台，国家支持、鼓励物流行业创新发展，为物流行业进入新周期搭桥铺路。通过对近几年的政策梳理，笔者发现几乎每个月都有与物流行业相关的政策发布，说明国家对物流行业发展高度关注。

2016 年 7 月，国家发展改革委印发了《“互联网+”高效物流实施意见》，提出构建物流信息互联共享体系建设、提升仓储配送的智能化水平、发展高效便捷物流新模式、营造开放共赢的物流发展环境等主要任务；

2016 年 8 月，交通运输部印发了《关于推进供给侧结构性改革，促进物流业“降本增效”的若干意见》，明确要大力推进物流业集约化、智能化、标准化发展，促进物流业降本增效。

2017 年 8 月，商务部办公厅、财政部办公厅印发了《关于开展供应链体系建设工作的通知》，提出将在全国 17 个城市开展供应链体系建设，发挥辐射带动周边的作用，提高区域供应链标准化、信息化、协同化水平；同年 10 月，国务院办公厅发布《关于积极推进供应链创新与应用的指导意见》（国办发〔2017〕84 号），将供应链创新应用提升到国家战略高度，明确打造大数据支撑、网络化共享、智能化协作的智慧供应链体系；2018 年 5 月，商务部、财政部联合发布了《关于开展 2018 年流通领域现代供应链体系建设的通知》，提出以城市为载体，聚焦民生消费行业领域，开展现代供应链体系建设。

2019 年第一季度，国家发展改革委等 24 个部门联合发文《关于推动物流高质量发展促进形成强大国内市场的意见》，对于构建高质量物流基础设施网络体系、提升高质量物流服务实体经济能力、增强物流高质量发展的内生动力、完善促进物流高质量发展的营商环境、建立物流高质量发展的配套支撑体系、健全物流高质量发展的政策保障体系等内容做了详细阐述和安排。

物流业作为国家经济发展的战略性、基础性、先导性产业，其地位已得到大家认可。国家正逐步加大对物流行业的支持与引导，重点发展集约化、数字化、智能化物流，促进物流服务向供应链服务迈进，并通过物流行业的降本增效、转型升级，保障并促进实体经济的高质量发展。

3. 物流领域日益高涨的资本运作热度，成为物流业进入新周期的重要推手

从图 1-3 我们可以直观地看到，近三四年物流领域投融资金额远高于之前任何年份，并在 2018 年达到高峰，年度投融资总额 757.3 亿元，比 2016 年、2017 年投融资金额之和还要多。近两年资本进入物流领域的动作

与步伐明显加大、加快。一方面，资本对于物流领域的关注热度逐渐高涨，普通看好未来物流供应链赛道的变革与升级；另一方面，单笔大金额投融资事件增多，单笔融资金额由 2014 年的 1.4 亿元/笔，快速上升到 2018 年的 6.7 亿元/笔。例如，G7 在 2018 年 10 月获得由厚朴投资领投，宽带资本、智汇基金、晨山资本、道达尔风投、泰合资本参与 3.2 亿美元的投资；达达—京东到家在 2018 年 8 月获得沃尔玛和京东的 5 亿美元投资；阿里巴巴与菜鸟更是以 13.8 亿美元的巨额投资，获得中通快递约 10%的股权。

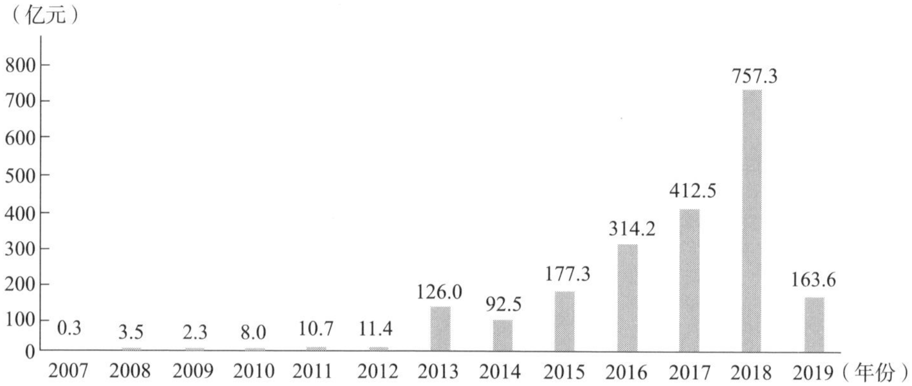

图 1-3　2007—2019 年中国物流业投融资概况①

资料来源：IT 桔子。

资本的嗅觉最为灵敏，资本的逐利性让其快速流向那些更有想象空间或获利空间的行业；同时，资本追求快速获利的特性，逼迫物流行业加快迭代更替的步伐，资本由内而外地推动物流业走进新周期。

4. 物流应用技术的日益成熟，给物流业注入新的活力

美国曾有一项调查，发现一项基础性发明从产生到商业化应用，一般需要 5~7 年的时间。据艾瑞咨询发布的近些年物流领域相关应用技术

① 2019 年的数据截至 2019 年 7 月 1 日。

成熟度曲线（见图 1-4），可以发现，大数据、云计算、物联网、区块链、机器人和无人机等技术已在物流领域实现规模应用；而商用无人机、机器学习、深度学习、物联网、增强数据挖掘等技术，2~5 年便可进入成熟期。

技术是推动当今物流行业发展的四大驱动元素之一，新技术、新设备、新系统的大规模应用是物流新周期的主要特征之一。相关数据显示，近 5 年物流机器人的年均增长速度超过 20%。2018 年自动导引运输车（AGV）市场规模已达到 1.9 万台。物流行业正从劳动密集型向技术密集型转变，在技术应用方面的布局，是龙头企业形成竞争壁垒的重要手段，自然是龙头企业必须坚持的战略之一。

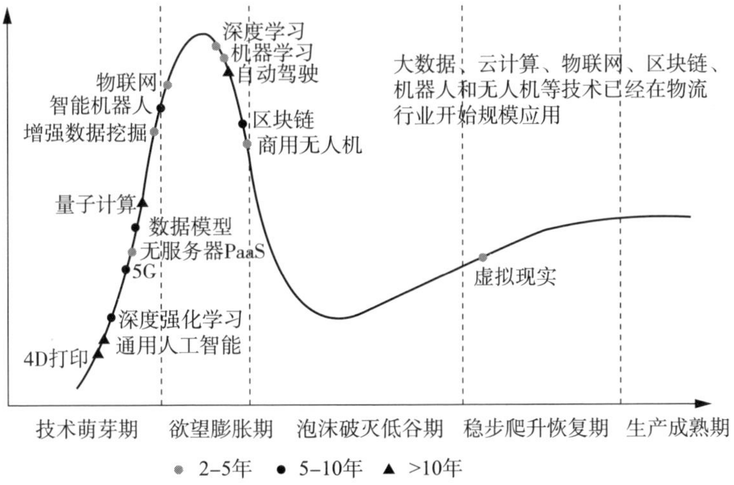

图 1-4　2017 年物流应用技术成熟度曲线

资料来源：艾瑞咨询。

菜鸟已宣布实施物联网（IoT）战略，在物流领域应用 AGV、麒麟臂、无人车、菜鸟物流天眼、智能语音助手等新兴技术，向智能新时代迈进；京东物流在上海嘉定率先建设了国内首个 5G 智能物流示范园，在园区内依托 5G 网络通信技术，通过人工智能（AI）、IoT、自动驾驶、机器人等智能物流技术和产品融合，打造高智能、自决策、一体化的智能物流示范园区。

新技术逐渐融入物流运作的各个环节，或改变操作模式，或提升运作效率，或降低整体成本，从不同维度、不同层面给物流行业注入了新的活力，待瓜熟蒂落之时，必将掀开物流业的新篇章。

二、快递的下半场

自 2017 年起，我国快递业从 50%左右的高速发展换挡至 25%左右的中速发展；2019 年第一季度，受春节因素影响，我国快递业务量同比增长速度进一步回落到 23%（见图 1-5）。2019 年 1—5 月，全国快递服务企业业务量累计 223 亿件，同比增长 24.9%；业务收入 2753.6 亿元，同比增长 23.1%。

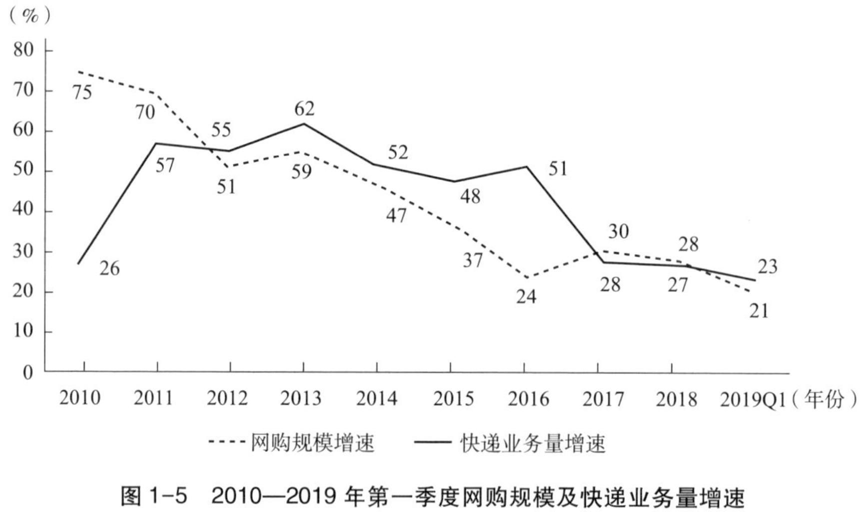

图 1-5　2010—2019 年第一季度网购规模及快递业务量增速

资料来源：兴业证券。

面对经济下行压力，快递业市场格局如何？笔者应用兰彻斯特法则的市场份额射程距离理论来分析中国快递市场的竞争状况；同时对影响未来市场走势的因素做一个简单概括。

1. 处于绝对安全的第一阵营

如图1-6所示，中国快递企业CR6的市场份额在经历2016—2017年回落后，2018年上升至72.4%，2019年第一季度更是攀升至76.5%的高位，已超过兰彻斯特市场份额射程距离理论中73.9%这个绝对安全临界值；顺丰、圆通、申通、韵达、中通、百世这6家CR6快递企业的市场占有率分别达到8.1%、13.6%、10.5%、14.7%、18.6%、11.0%，与2018年的市场份额相比，分别提高了0.46个百分点、0.50个百分点、0.44个百分点、0.91个百分点、1.88个百分点、0.25个百分点，这6家企业均实现了市场份额的提高，而且排前两位的中通、韵达市场领先地位进一步巩固，与同行的差距越拉越大。

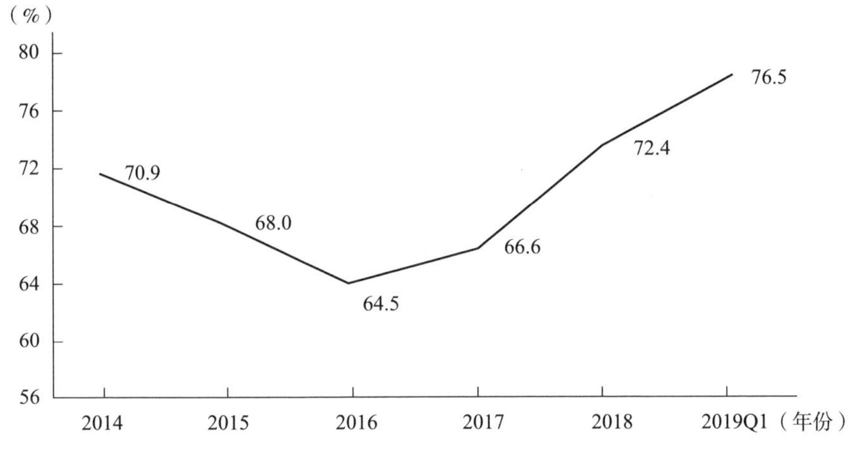

图1-6　中国快递CR6市场份额变化

资料来源：国家邮政局。

第一阵营的规模优势进一步显现，2019年5月，韵达、圆通、申通业务量分别达到8.68亿票、7.18亿票、5.97亿票，增速分别为43%、28%、47%，高于行业整体水平，正在吸收中小快递企业的市场份额。所以，处于第一阵营的快递企业目前地位绝对安全；二三线中小快递企业，或者是未来的新进入者，几乎没有挑战的机会，等待它们的是被洗牌的结局。

经过一轮又一轮的价格战，快递业一线阵营企业脱颖而出，中小企业基本出清，竞争格局已经明朗；快递企业 CR6 所占市场份额仍在持续走高，而这主要是因为二三线快递企业的退出。

多家研究机构认为未来快递市场的“马太效应”将难以逆转，第二、第三阵营企业的生存空间将越来越小，陷入“生存危机”。例如，总部位于上海的国通快递，2019 年被曝经营困难，严重亏损，进入全网停工状态，所有员工处于休假状态；总部位于北京的如风达快递也被曝进入停摆状态，拖欠供应商款项和员工工资超过 7000 万元；另外，全峰快递、快捷快递早已资不抵债，拖欠加盟商款项及员工工资；2019 年 11 月，品骏快递因迟迟未能实现规模效应，迫于成本压力而停止运营，并将原先唯品会的快递配送业务转托给顺丰速运。

2. 行业龙头企业仍未形成

如表 1-1 所示，在第一阵营 CR6 中，中通 2019 年第一季度市场份额仅为 18.7%，未达到 26.1%这一安全阈值，地位并不稳固。韵达、圆通、百世的市场份额与中通的距离均小于$\sqrt{3}\approx1.73$倍。这说明行业龙头企业仍未形成，未来谁能坐上王座仍是未知数，第一阵营的排位赛结果还不明朗。谁能投入更多资源、采用更佳策略，谁就能更快地提升运营效率。

长江证券研究所交运团队认为，2019 年快递业已进入“龙头竞争”的新阶段，将会产生行业寡头。主要依据有三点：一是电商流量将在 2022 年前后触碰天花板，存量竞争更为激烈；二是成本曲线趋于平坦，加上后发者的学习效应，使得行业领先者的成本优势难以持续；三是通达系原有的加盟制模式已到“瓶颈”期，转运层、网点层的模式、设备需要进一步迭代升级，行业的整合拐点加速到来。

另外，表 1-1 的数据从侧面印证了顺丰向综合物流解决方案服务商转型的合理性。对于快递单量市场，顺丰很难做到行业第一，加上电商件原本就不是顺丰的优势领域。因此，顺丰选择发展国际快递、冷链、快运、同城配送、供应链等新业务板块，向综合物流服务商迈进。

表 1-1 快递 CR6 企业 2019 年第一季度市场份额对比

快递企业	2019 年 Q1 单量市场份额（%）	与行业第一名的距离
中通	18. 7	—
韵达	14. 7	1. 27
圆通	13. 1	1. 43
百世	11. 4	1. 64
申通	10. 5	1. 78
顺丰	8. 1	2. 31

资料来源：国家邮政局。

3. 影响排位赛的因素

通达系和百世均有可能夺得快递单量的龙头位置，未来快递业第一阵营的竞争必然很激烈；而影响排位赛结果的主要因素有增量争夺、服务保障、效率提升、成本管控四个方面。

首先，对新增单量的争夺。如今，电子商务增速趋缓，2018 年全国网上零售额同比增长 28%；相应地，快递业增速开始下降。如图 1-7 所示，无论是业务量还是业务收入，2016 年之后都迅速回落。这时，能否抓住订单量这一重要增长点，显得尤为关键，如拼多多的快递订单。数据显示，2018 年拼多多订单量约为 111 亿个，同比 2017 年增长了约 68 亿个订单。假设每个订单对应一个快递单，则拼多多新增的快递单量占全年全网新增快递单量的 60%以上。如果企业无法在这些重要增长点上分得一杯羹，则很难保持行业平均增速，在排位赛中自然要处于下风。

其次，服务质量及稳定性的提高。CR6 中除顺丰以外，其他 5 家主要以加盟制为主，这便于其早期快速打开市场，降低资金成本压力，但也带来了服务体验较差的问题。如今，消费者对于时效、货品安全等服务体验的要求越来越高，市场要求快递企业提升自身能力。近一两年，上市快递

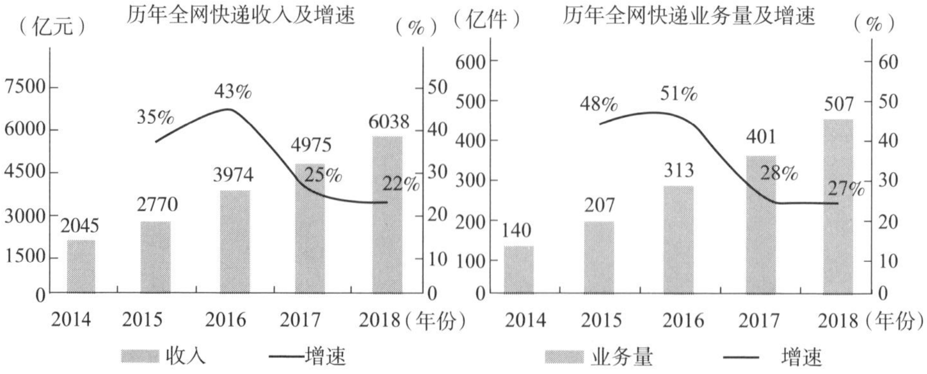

图 1-7　2014—2018 年全网快递收入及业务量对比

企业在核心节点、网络布局、基础设施上陆续加大投入，以期加强对网络的把控与管理，提升对市场的感知度，并提高服务质量和用户体验。例如，韵达在全国设立 55 个自营枢纽转运中心，对枢纽转运中心实现 100% 自营；申通 2018 年大力推进核心转运中心直营化步伐，累计动用约 15 亿元收购了 15 个核心城市的转运中心。优质的服务和良好的口碑可以提升客户黏性，快递企业正在努力提升服务质量及其稳定性，以构筑实现长远发展的保障。

再次，运营管理效率的提升。经过多年价格战，如今快递末端网点的利润已经非常微薄，难以承受更多的价格下降，通过直接压缩加盟商费用实现降本的做法，已很难进行下去。换句话说，过去降成本的条件和做法基本上已走到了尽头，未来只能通过提升运营管理效率实现降本增效，而提升运营管理效率有赖于模式创新和新技术应用。圆通通过为加盟商提供 IT 系统、管理经验、资源整合能力、降低费用负担等办法，强化与加盟商的和谐共生关系，激发终端网点揽派能力，刺激业务增长。韵达则通过一套联合仓配系统，将满足条件的仓储加盟商纳入其联合仓体系，使其拥有仓配一体化能力，就近配送，缩短运输距离，达到降低运营成本的目的；同时，新体系可带来新的利润点，如仓储收益、订单操作收益等。

最后，快递单件成本的下降。电商件客户群体，对价格敏感度较高，经济下行压力下，中小企业对降低物流费用有强烈的诉求；同时，在人工、场地费用持续上涨的当下，单票成本的高低直接影响快递企业的竞争力与盈利能力。因此，快递单件成本的管控是电商快递企业形成核心竞争力、在排位赛中获得靠前名次的关键因素之一。数据显示，目前申通单票成本最低，但同比增长了 3.8%，未实现持续优化；而百世加大成本控制力度，其分拣成本有大幅下降，进而带动单票成本实现 21.4%的最大降幅，提升了百世的竞争力。

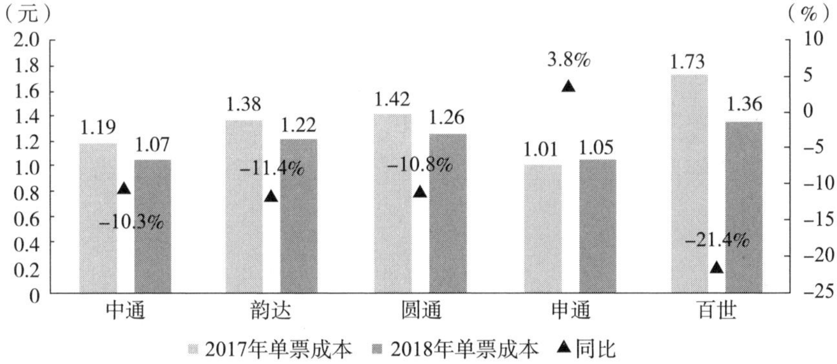

图 1-8 2018 年主要快递公司单票成本下降情况测算

资料来源：Wind、中信证券研究部。

兰彻斯特法则简介

第一次世界大战期间，英国工程师 F. W. 兰彻斯特用数学方法建立了一组微分方程用于描述交战双方兵力的动态消耗；之后经过各国军事运筹工作者的研究与补充，形成了兰彻斯特作战理论。

兰彻斯特法则后被应用于商业分析，并发展为兰彻斯特市场份额射程距离理论，以市场占有率对比情况来衡量企业在市场竞争中的地位，以明确企业间的竞争态势，帮助企业选择合适的发展策略。其主要内容为：当市场上有多家实力较为接近的企业时，只有市场份额大于竞争者市场份额的$\sqrt{3}\approx 1.73$倍时，企业才能保持安全距离。另外，还有三个临界值值得企业加以关注。

（1）当企业的市场份额达到73.9%及以上时，企业拥有绝对优势地位，绝对安全；

（2）当企业的市场份额达到41.7%及以上时，企业成为市场第一，而且很快就能遥遥领先于其他对手；

（3）如果企业的市场份额未能达到26.1%及以上，企业市场领导者地位便不稳固，很可能被反超。

三、物流服务产品的两大发展趋势

美国物资搬运协会（MHI）和德勤共同发布的报告显示，80%的企业认为，未来5年数字化供应链将占据统治地位，16%的企业认为数字供应链已经占据统治地位。

数字化供应链是发展趋势，已成行业共识。那么物流企业如何抓住这个发展趋势呢？笔者认为服务产品化是一个重要着力点。原因在于数字化供应链可以获取并最大限度地利用不同来源的实时数据。要达到这一效果，前提是物流（供应链）各环节、各动作的信息化；否则，系统无法实时获取相应的信息。要实现信息化，则需要将服务流程、服务内容、服务水平进行标准化；否则，信息无法转化成唯一性、通用性的计算机语言，自然无法实现信息化。将服务流程、动作进行模块化划分，是实现服务标准化的有效办法，因为模块化便于提炼总结该部分的共性特点，进而制定相应标准。

服务产品化正是一个把服务内容分解，使之标准化的过程，所以物流服务产品化是实现供应链数字化的重要着力点。

因此，可以看到，除快递企业之外，部分综合物流企业也开始推进物流服务产品化：中外运聘请清华大学研究团队，咨询如何实现合同物流服

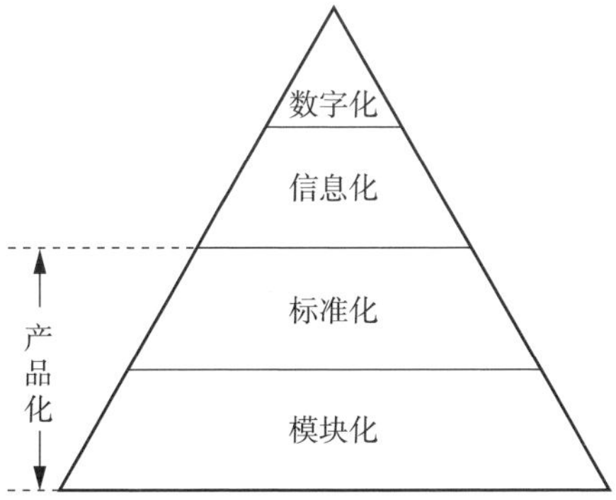

图 1-9 服务四化过程

务的产品化问题；百世物流聘请 IBM 咨询团队，希望以 DHL 为标杆，谋划物流服务产品化的实现路径。

从目前的情况来看，物流服务产品主要有两大发展趋势：一是单一服务向综合服务延伸；二是传统物流服务向供应链服务升级。

1. 单一服务向综合服务延伸

这一趋势在行业领先企业体现得更加明显。例如，京东物流从自营快递服务开始，逐渐构建起中小件网、大件网、冷链网、B2B 网、跨境网、众包网（达达）六大物流服务网络，涉足大客户合同物流的行业解决方案服务领域；且在顺丰、四通一达竞争格局已定的情况下，宣布加入个人快递的竞争行列。其主要目的并不在于做大业务量，而是为了拼齐其物流服务版图，构建综合性、全版图物流服务产品体系。

再如顺丰速运，发迹于快递领域的商务件和时效件，其在品牌、网络、流量、科技等逐渐形成优势的同时，开始向综合物流服务平台迈进，服务产品逐步延伸到大票快递、重货零担、冷链运输、同城配送、国际快递等物流服务领域。为了达成其综合物流服务平台的设想，2018 年，顺丰不惜以 55 亿元的高昂代价收购 DHL 供应链中国区业务，以强化其在供应链服务上的能力与客户资源。

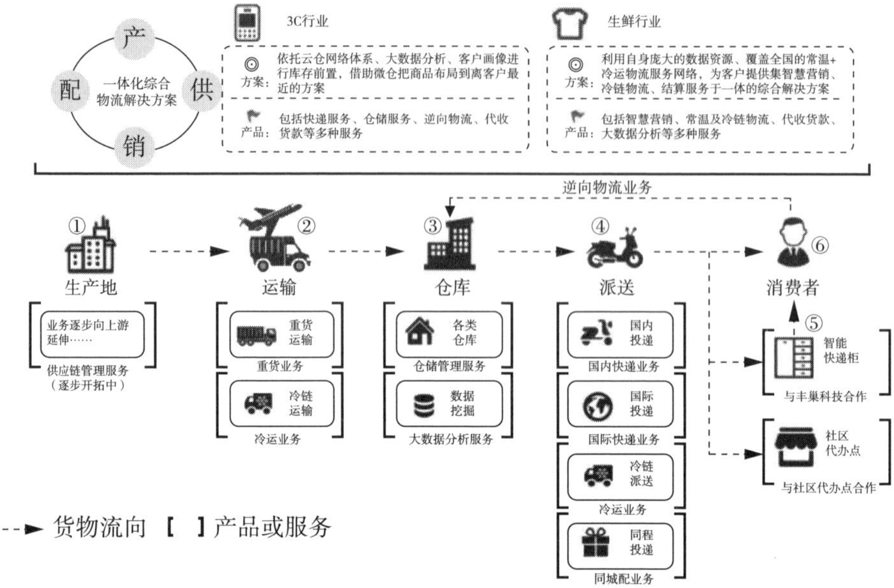

图 1-10　顺丰端到端综合物流解决方案

2. 传统物流服务向供应链服务升级

随着市场及行业的发展，货主企业对于物流的需求越来越趋向于一体化解决方案。客户需求的变化，要求合同物流企业升级发展，可提供一体化解决方案，向供应链服务领域拓展，而不再局限于物流服务领域。

这一趋势主要体现在传统合同物流企业的转型上，除宝供物流之外，海格物流也选择了从第三方物流（3PL）向第四方物流（4PL）升级的发展道路。打造智慧供应链信息系统平台，应用于商流订单管理（采购订单、销售订单）、综合物流订单管理、配送、货代（海运、空运、铁路）、跨境电商、内贸海运等多个供应链场景，并逐步从一家以物流服务为主收入结构的传统企业转变为以物流、金融、数据和订单管理服务等多样化营收为主结构的新型企业。

再如中外运，其“一三五”战略提出，代理及相关业务向端到端全程供应链服务转型，并开展“物流桥项目”，打造创新型一站式生态圈公共平台，提供产品化、标准化、透明化的物流服务，为跨境电商外贸企业提供高效、准确、便宜、安全的 B2B2C 跨境电商物流解决方案。

马士基则在 2018 年 9 月宣布，将丹马士的供应链管理服务和马士基航运的海运产品合并，以新的品牌形象面向市场。目前其组织架构已调整完成，新的团队成员基本到位，届时将为客户提供包括航运、多式联运、仓储、供应链管理、报关等全方位服务，以及数字化、端到端物流解决方案。

3. 物流服务产品化需要资源要素的投入

在物流服务产品发展趋势的背后，可以看到资金、技术等资源要素的重要性。顺丰速运为了充实、强化其综合物流服务平台，与夏晖成立合资公司发力冷链物流，与中铁快运成立合资公司拓展高铁快递，收购 DHL 供应链中国区业务提升供应链服务能力……这些动作的背后均需大量资金的加持。

而申通、圆通等快递企业为了提升服务水平与稳定性，在上市获得充足资金后，加快了转运中心这一核心节点资源的自营化进程；将加盟商的转运中心逐步回购，并加大分拣机器人、自动化扫描、自动化称重、自动化计泡等自动化分拣设备的应用，通过技术投入，提升服务效率、服务水平以及稳定性。

第二章　物流业的下一个十年

一、决定物流业未来的关键技术

由于货主企业对高质量运力有了更多需求，电子商务、新零售的发展催生了“最后一公里”的交付需求，而贸易摩擦、地缘政治、恶劣天气等不确定因素则增加了供应链的中断风险……处于物流供应链的变革风暴中，货主企业与物流供应链服务商都需要快速适应变革以应对众多挑战，这要求我们要洞悉未来 10 年影响或塑造供应链的战略、技术和工具。

基于此目的，由奥本大学供应链创新中心、供应链管理专业委员会（CSCMP）、美国托运人战略运输委员会（NASSTRAC）和 AGiLE 商业媒体组成的专家团队，发起“物流 2030”研究，并发布《物流 2030 之货运篇》报告。尝试解答什么样的运输策略及能力可以应对质量与成本挑战，如何招募并培养运输专业人才，哪些技术工具将改变游戏规则并推动行业的卓越发展等问题。那么未来 10 年，哪些是影响物流货运的关键技术呢？

1. 四项关键技术

满足客户需求与合理控制成本之间的平衡，对所有企业来说都是一项艰巨的任务。如果缺少合适的技术工具，这项工作就会变得更具挑战性。传统的人工操作显然无法满足需要，办公软件或第一代运输管理系统（TMS）也只能提供有限的帮助。

TMS 系统虽被许多货主企业及物流企业所应用，但大家对其褒贬不一。因为供应链的复杂性及客户服务需求均在不断提高，对技术、系统有更高的期望。调查发现，对于 TMS 功能，成本分析、绩效监测、货运可视化、需求预测四项能力最受关注。

具体在技术工具方面，研究团队根据受访者的反馈，从规模化应用时间及变革性影响两个维度，对 12 项物流供应链技术进一步排序与分析。结果发现，大家普遍认为“预测性分析”是近几年就会规模化应用且对现状有较高变革性影响的技术。一方面，越来越多的货主企业更加重视前端，希望可以实现以销定产或者产销协同。笔者通过与华为员工交流发现其正在进行这方面的努力，希望借助需求的预测分析更好地指导生产，减少库存。另一方面，新零售的推进以及快速履约要求，催生越来越多的前置仓与即时配送，而时效提升的背后需要大量的投入；为了平衡时效与成本，就需要高度依赖预测性分析，从而更好地作出前置仓的选址、选品、存储数量等决策，在提高现货率的同时减少库存浪费。例如，叮咚买菜会根据周边商圈、用户画像、菜谱特征以及用户实时意图等参数，预测某个前置仓的销售情况，将单仓 SKU 压缩至 1500 个左右，实现更加精细、精准的运营管理。

另一项关键技术组合是物联网与人工智能，物联网传感器可以帮助我们及时了解在途情况、地理围栏等信息，以实现货运可视化，并优化对交付过程及结果的绩效监测；人工智能主要应用于成本效率、劳动效率等方面的优化，减少对人的依赖。待 5G 网络普及，物流行业将迎来“物联网+AI+物流”新模式。物联网主要解决信息数据采集与上传问题，5G 网络主要解决数据的实时上传及交互，人工智能则在大数据的基础上实现深度分析与有效应用，指导流程优化、效率提升。“物联网+5G+人工智能”将帮助我们实现从数据采集到数据传输，再到数据应用的完整数据链条，更好地发挥数字化供应链的效用。

最后一项关键技术是区块链，也是较多受访者认为将在 5 年内实现规模化应用且产生变革性影响的技术。区块链技术是一种分布式、共享式账本，用于存储数字交易记录，且具有不可篡改性。区块链由于去中心、公开、透明、防篡改等特点，有助于解决供应链中信息不对称、数据信任等问题，因而在供应链金融、跨境长途远洋运输、食品与药品安全溯源等领域，正被逐渐应用。例如，宝供一站网联合诺也科技，以区块链为破局钥匙，将核心企业（一站网）应收账款及时转化为“运力值”，帮助上游的中小微运力供应商将应收账款进行流转或贴现，解决其融资难的问题。顺丰则建立了基于区块链技术的医药溯源平台，打通了药品行业上下游企业，覆盖包含药品制造企业、药品普遍优惠制（GSP）仓库、药品运输企业、药品流通企业、诊所（医院）在内的全链条相关利益者。

图 2-1 下一代货运物流技术工具

近两年无人化概念炒得比较火，但无人化并非方向，特别是其中的无人自动驾驶离规模化应用仍需一段时间，因为还有降低成本、简化传感交互、提高安全系数等众多难题需要解决。而无人机交付虽然已在 DHL、UPS、亚马逊等企业得以应用，但该技术仍有局限性，只适合于偏远地区或危急场景中的交付；京东、苏宁、饿了么等公司的无人机配送航线，要么是偏远农村、山区，要么是楼层低、密度小的工业园区，基本上没有市中心应用的案例。因此，无人机交付可以作为现有交付方式的一种补充，但难以成为主流。

2. 脑洞大开的物流技术与应用

物流新周期，一个重要特征就是科学技术的大规模应用，物流技术的应用程度将在很大程度上决定物流企业的生存能力及竞争优势。近年来，各方企业在这一方面进行了不懈的努力，其中不乏一些脑洞大开的技术，虽然大部分离实际应用还有一段距离，但仍值得期待。

（1）超回路列车

超回路列车（Hyperloop），一种超高速运输系统，目前正在研发并小范围测试阶段，由美国特斯拉汽车公司首席执行官马斯克提出并推动。超回路列车采用太阳能供应能量，在一个近似真空的电磁悬浮管路中，利用线性感应马达与空气压力来推进运输舱。

该模式提出后，一些国家纷纷尝试。2016 年 12 月，俄罗斯宣布成立超回路列车工作组，计划投入约 6 亿美元，建设一条中国珲春至俄扎鲁比诺港超回路运输线。2017 年 6 月，韩国政府技术创新和基础设施处、韩国建设技术研究院（KICT）、汉阳大学等机构与美国超回路运输技术公司签署一系列协议，表达建造高速管道运输系统的意愿。2018 年 7 月，港口运营商 DPWorld 表示，将与 Virgin Hyperloop One 公司合作，在世界各地建造超高速货运系统，第一阶段工作最早于 2025 年进行。2018 年 10 月，第一个全尺寸乘客舱正式对外发布，并将用于商业运作。

2018 年 11 月，德国汉堡港物流公司计划引进该项技术，开发一种面向未来的运输系统，将港口集装箱高速运送至汉堡腹地，之后再转驳卡车继续运输；计划最快在两三年内动工，项目建成后每天最多可通过超回路列车运送超过 4000 个集装箱。

图 2-2　超回路列车

资料来源：《明镜周刊》。

（2）无人管道物流

无人管道物流属于地下物流的一种，在“2018 全球智能物流峰会”上，京东物流向外界宣布将在雄安试行一项由无人车、无人管道构成的新型物流计划。

针对城市越来越拥挤的现实情况，地下物流在解决交通拥堵、减少环境污染、提高货运准时率等方面具有巨大优越性。美国、日本、德国、荷兰、英国等发达国家，曾研究或小范围尝试应用过地下物流。在我国，地下物流也逐渐受到关注，2016 年上海市在城乡建设和管理“十三五”规划中指出，将建设 100 公里新型地下综合管廊，并预留地下物流通道；不久，中国地下物流专业委员会、中国地下物流创新与产业化联盟相继成立。

按照京东物流的构想，未来城市空间物流将体现为空间层面立体化、基础设施层面智能化、数据层面实现互通互联。为实现无人管道物流计划，京东物流与美国磁飞机技术公司达成战略合作，借用该公司的技术优势，开发直驱轮轨和磁悬浮技术，推动京东物流地面与地下智能轨道运输网络的落地。

地下无人管道物流体系建成后，酷似胶囊般的无人运输设备将在雄安新区地下管道中来回穿梭，将物品直接配送到住宅、写字楼、商场、专业市场、仓库等末端，而且有回收功能。

图 2-3　无人管道物流（京东物流）

（3）物流车配载小货车

自带小货车的电动厢式车开始引起人们的注意。自带小货车的物流车，从外观看与普通的货车没有多大区别，但在其尾部小隔间隐藏了一辆小货车，当道路较窄大货车无法通行时，则可以放出小货车来完成“最后一公里”的配送工作。物流车配载小货车可以灵活应对不同场景，省时省力，这让城市配送有了更大的想象空间。

图 2-4　配载小货车的厢式车

资料来源：物流指闻。

据悉，这种小货车可以承载 600 千克的货品，可满足大多数门店终端的配送要求。配载小货车体积与小型巡逻车相似，只是减少了驾驶室空间，增加了尾部载货空间，小货车上还配备有可升降的小型叉车，方便司机将大件货品搬卸到地面、门店。全程一个人即可完成操作，既方便又节省人力。

（4）无人机蜂巢配送中心

2017 年，亚马逊被曝已申请并获得蜂巢塔的专利。从专利信息来看，亚马逊蜂巢塔是一个底宽顶窄的多层大楼，每层四周均有出入口，无人机可通过这些蜂窝口进出高塔配送中心。

为了帮助无人机进出蜂巢，亚马逊设计了机械臂来抓取无人机，而垂直升降系统会把无人机移动到建筑表面的起飞地点；同时，在蜂巢内部设置不同的功能区域，分别承担无人机修理、货物装载等工作，各个功能区呈扇形。

整个建筑底宽顶窄，越向上越窄，这意味着所有无人机可以垂直起飞，由不同方向的蜂窝口飞出，既降低了拥堵的可能性，又提高了效率。

在蜂巢的底层，预留有货车的装卸口，支持卡车配送；还有一个自助取货区，方便消费者上门自行提货。

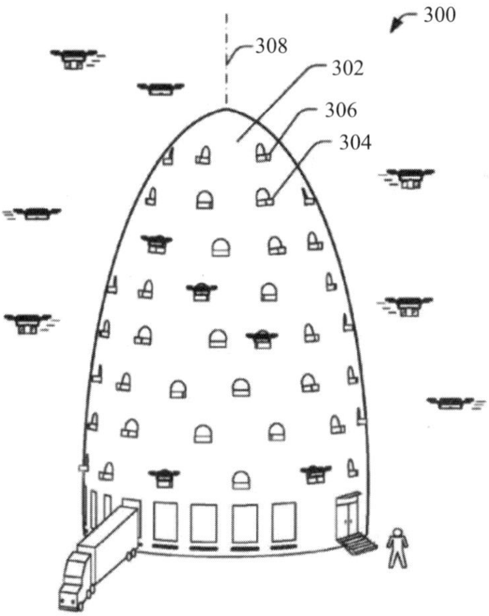

图 2-5　无人机蜂巢配送中心

资料来源：亚马逊。

（5）高空飞艇仓库

亚马逊曾提出高空飞艇仓库的设想，这个高空飞艇仓库是一个用于空中送货的飞行基地，可以称为“空中运营中心”。即利用一只飞行或飘浮于高空的飞艇，储存亚马逊的热销商品。接到用户订单后，由无人机负责将商品配送到用户手中；同时，由小型飞船负责补给，向空中仓库补货，或运送员工。

这种仓库的好处在于，无人机可以借助浮力飞行，减少能耗，提高载重；飞艇仓相当一个可移动的前置仓，可以根据需要飞往订单密度高区域，实现高频就近配送；同时，还可以充当广告载体，成为电商平台线下的一个实体宣传窗口。

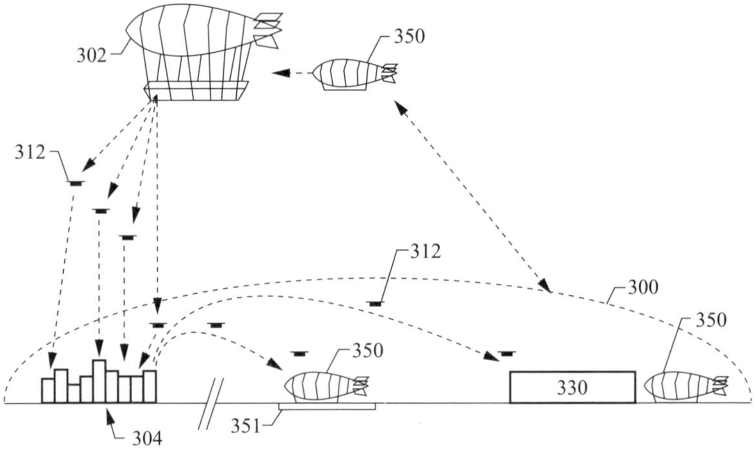

图 2-6　高空飞艇仓库

以上物流技术或应用，是物流业尝试通过智能化、无人化，或最新技术设想，提高运输、配送效率的努力。不过以上这些新技术、新应用多半仍处于概念设计、研发测试阶段，稳定性、安全性有待考察，甚至有明显的局限性。

3. 五条行动建议

虽然新技术的应用面临资金耗费大、产出效果不确定、实际效用言过其实等问题，但改变不了未来 10 年，物流供应链领域应用新技术、新设备设施的大趋势。这将是企业核心竞争力的主要来源之一，是企业保持活力、确立优势的关键举措。在《物流 2030 之货运篇》报告中，研究团队就如何做好未来 10 年物流货运，向企业提出了五条行动建议。

行动建议一：建立连贯的、数据驱动的计划

凭直觉、经验做决策，已越来越不适应形势，尤其是当我们的注意力逐渐从降低成本转向客户服务时。物流供应链服务商要有系统性思维，使规划与更广泛的供应链相协调，而不能只看局部。未来，系统性整体解决方案、以数据驱动的战略计划及决策变得至关重要。

行动建议二：加强关键关系

未来 10 年，物流外包比例将逐渐提高，为了从外包中获得更多的利益，货主企业应与承运商建立战略合作关系，相信其能承担更多责任，并在关键问题上进行有效沟通；尤其是在干线运输领域，毛利已微薄，过往招投标或背靠背等合作方式已走入“瓶颈”区，供需双方应改变零和博弈的竞争关系，转为合作协同的双赢伙伴关系。

行动建议三：将货运纳入战略规划

快速交付履约变得越来越重要，货物运输应该成为企业高层管理者眼中的关键事项。高管们应该意识到，货物运输可以为企业带来竞争优势，未来应将其纳入企业战略规划中来。物流专业人员应抓住这个机会，最大限度地提高企业绩效。

行动建议四：采用 21 世纪新技术

基于拼凑的 Excel 表格进行关键决策，将使企业处于明显的劣势。企业高管们应意识到，有必要对新兴技术做战略投资，新的技术工具的应用有助于企业应对不断提升的客户期望、运营成本波动、资源有限性等所带来的挑战。

行动建议五：要有资金投入的决心

一分钱一分货，新兴技术的应用、良好绩效的实现需要资金保障。更快的运输交付、更好地应对复杂需求，都要求企业加大投入建设拥有各种技能的强大运输专业团队。这样的团队一方面需要新技术、新设备；另一方面需要企业做好人才的选、育、留、用，激励人才做出更好的绩效。

二、3D打印技术与物流

3D 打印是一种增材制造技术，是以商品 3D 数据文件为基础，使用粉末状金属或塑料等可黏合材料，通过逐层打印实现制造过程。与传统制造方式相比，具有节约原材料、环保经济等优点。

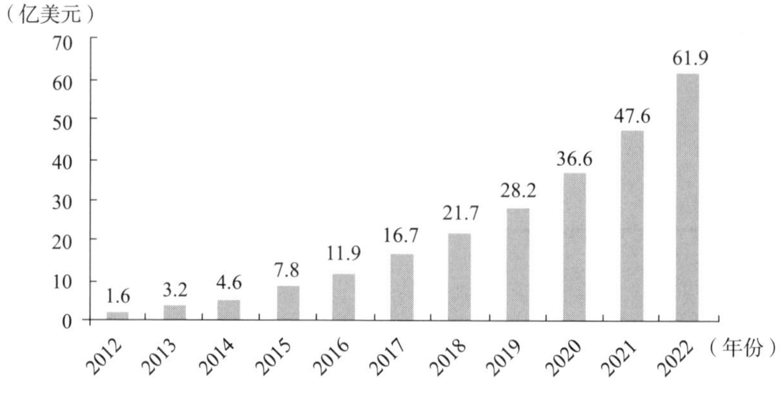

图 2-7　2012—2022 年中国 3D 打印市场规模及预测

据前瞻产业研究院统计，2017 年我国 3D 打印市场规模已达 16.7 亿美元，且保持高速增长；据联讯证券的数据，2017 年新三板 28 家 3D 打印概念企业，营业收入中位数同比增长 12.3%，净利润中位数却下滑了 36.3%。

可见，我国3D打印市场经过初期的喧闹之后，目前处于沉淀期，但随着打印设备、打印材料的逐步升级，应用场景在不断试错中日渐丰富。

1. 3D打印应用最新进展

3D打印经历从原型制作到工具和模具制造，再到零部件生产的发展过程，伴随金属3D打印技术的日益成熟，3D打印技术正被越来越多的企业应用于不同行业不同场景中。

陶瓷3D打印技术被应用于燃料电池的生产制造。

全球首款量产3D打印电动车LSEV在沪发布，无须模具，无须焊接、冲压等步骤，制造周期仅为原来的1/3。

阿迪达斯应用3D打印技术，生产出鸟巢鞋。

浪漫雪将3D打印技术应用于雪糕、饮品的现场制作。

意大利珠宝品牌Maison203推出最新3D打印首饰系列Kalikon。

米其林应用3D打印技术制作轮胎胎面。

点云生物使用3D打印技术制造出可降解人造骨。

……

3D打印技术正在各行各业被广泛地应用，但需要说明的是，3D打印技术在5~10年难以大范围取代原有生产制造方式，只能作为其有效补充；不过由于契合当下消费者需求个性化、定制化趋势，3D打印技术必将获得充分的发展。未来，3D打印技术可能会促使一些行业或领域发生重大变化，如汽车、家电家具的售后零部件以及瓷器、玻璃制品、照明等非快消类易碎品的生产制造。

2. 3D打印技术将改变物流供应链模式

物联网、大数据、机器人等新技术的应用，只是通过改变物流运作流程，对现有物流供应链进行优化，提升效率，而3D打印技术则有可能颠覆现有的物流供应链模式。

3D 打印技术不同于集中式大规模制造，不需要传统生产模式中的专用性设备，更符合定制式订单需求，将对企业生产、居民生活消费方式产生巨大影响；3D 打印技术在 B、C 两端催生变革的同时，自然会改变原有的物流供应链模式。

待机身、耗材成本大幅下降，3D 数据包极大丰富，分布式 3D 打印点广泛设立之后，可以预测未来某些行业的物流供应链将出现以下变化。

（1）前置仓同时具备生产组装与仓配物流两种功能

前置仓是距离消费者最近的节点，物流供应链服务商必将最大限度地利用前置仓的效用。每个前置仓不仅承担原有的仓配功能，还将承担起 3D 打印中心、组装中心功能。前置仓将主要存放与管理 3D 打印材料以及一些共用的核心零部件，成品主要依靠现场即时打印与组装。

（2）长途干线运输量减少，同城配送需求增多

产品将主要通过距离消费者最近的 3D 打印中心生产，通过同城配送交付到消费者手中。长途干线主要用于运送打印设备、打印耗材，成品的长途干线运输量将大幅减少；而且，同城配送可以与生活服务领域的即时物流共用网络及运力资源，从而达到效率最大化。

未来的同城配送资源与同城配送能力将是一项重要资产。最近我们可以看到同城配送市场越发热闹，京东物流短短一周在一线核心城市布局智配中心，顺丰杀入同城即时配送市场，点我达、58 速运均获得阿里系投资，各方均在为下一场厮杀做准备。

（3）小时级供应链形成

3D 打印可依据订单生产，分布式 3D 打印网点使生产地点与消费者的距离拉近，加上分钟级别的同城配送服务，小时级供应链形成。从消费者下订单到打印生产，再到配送到家，只需要耗费 1~2 小时。小时级供应链链条短，响应快，有时候消费者甚至可以现场观看商品的生产过程，并自提回家。

（4）零库存成为现实

传统供应链模式下，品牌商先生产产品，再把产品运输分拨到不同层级的仓库节点或销售终端，等消费者下单购买再交付。该模式下，品牌商必须做到销售预测，才能实现在满足销售订单的同时不产生多余库存，且有库存备货。

而在 3D 打印时代，品牌商只需提供产品的 3D 数据包以及相应的耗材，按订单就近生产并即时配送，除核心零部件需要备货外，成品基本上可以做到零库存。

3. 3D 打印技术将催生供应链新物种

首先，无论是区域型还是全国型，新物种将是一种网络型企业。因为 3D 打印点是分布式的，单点的成本效益并不理想，通过网络可实现规模效应与品牌效应。

其次，新物种将是复合型企业。一是数据型企业，拥有大量授权的商品 3D 数据包（消费者所购买的数据包只能被使用一次），可以通过线上平台进行交易；二是生产型企业，拥有 3D 打印设备、耗材及相应的生产线，有能力按需就近生产和组装；三是物流型企业，拥有众多前置仓，外加分钟级同城配送资源与能力，具备末端交付能力。

这种新物种业务的基本逻辑概括来说就是消费者从平台购买商品 3D 数据包，系统将订单分配到距离消费者最近的前置仓，生产组装完成后通过同城配送快速交付到消费者手中。新物种交易的不是商品，而是数据，生产与物流功能在空间上合为一体，在时间上无缝衔接。

简言之，这是一种以海量商品 3D 数据包、强大同城物流能力为支点，为消费者提供 3D 打印服务的平台型供应链企业。

从目前掌握的信息来看，在互联网巨头及物流供应链龙头企业中，未来 3D 打印时代最有可能占得先机的是京东。

2018 年 6 月，京东与易尚展示签署了 3D 电商合作框架协议，双方将就智能建模、3D 电商联合工程实验室、虚拟试衣等项目进行合作。

京东这一步棋的短期收益是利用易尚展示为其电商平台商品提供 3D 展示、虚拟试衣等服务；长期收益是积累商品的 3D 数据，作为战略储备。京东物流拥有覆盖大多数区县的前置仓，同时京东物流还在推进其智配中心布局，使其末端站点的科技含量、集约程度、运营效率更高，加之京东不断升级的同城配送资源与能力，可以说京东已经具备成为 3D 打印时代新型供应链服务商所需要的基础条件，未来形势如何演进与发展，我们拭目以待。

三、京东物流“亚洲一号”

京东物流高度重视应用新技术，在物流技术的研发与应用方面投入巨资，除 3D 打印技术以外，京东物流更为人们熟知的是其打造的“亚洲一号”。

1. “亚洲一号”的含义

“亚洲一号”是京东打造的电商仓储领域建筑规模最大、自动化程度较高的现代化运营中心，设有立体库区、多层阁楼拣货区、生产作业区和出货分拣区等不同功能区。上海“亚洲一号”是京东第一座具备较高自动化水平的运营中心，在此之后，京东将其新建的、自营的运营中心统称为“亚洲一号”。

根据自动化程度的不同，“亚洲一号”可以划分为高度自动化项目、适度自动化项目、普通园区三种类型。并不是所有“亚洲一号”均是全程自动化，难怪之前有记者认为京东对外宣称的 90% 自动化程度不可信，很可能他看到的只是一座适度自动化“亚洲一号”。

2. 库内操作关键策略

“亚洲一号”收货入库、分拣出库的主流程与普通仓库并无太大区别，差别主要在于改变操作细节，提升运作效率，减少人力的投入量。

“亚洲一号”收到货物之后，借用AS/RS（自动存取）系统实现高效入库，并存放立体库区；收到订单后，由机器设备拣选相应货物，经传送带运送到生产作业区进行复核打包，实现货到人的拣选。为降低人员投入，提高分拣效率，在打包区甚至可以使用打包机器人实现自动打包；打包好的包裹通过自动化输送系统从出货分拣区流出装车；同时配合设备、策略控制，实现主动补货、背靠背补货、拆零补货等补货操作。

为尽可能发挥系统及设备的效用，京东“亚洲一号”库内操作采取以下几种作业策略。

一是分区混编作业。不再采用普通库房定员定岗的方式，而采用混编作业新型运营模式，固定区域内多任务调度，减少人员跑动距离。

二是基于容器/托盘的流向管理。扫描容器或托盘即可知道任务的流向，无须人工分派任务，并实现任务的一键领取；任务自动分配，任务找人而不是人找任务，操作人员只需完成接收到的指令要求即可。

三是一件一包裹。中件商品库内不合流，避免订单库内合流造成不必要的积压，同时缩减订单复核等待时间，提高生产效率。

四是采用多种补货策略。当拣选位低于安全量自动触发紧急移库，空托盘转移后自动触发补货指令，实现全自动主动补货。另外，还有背靠背、拆零等补货方式。

3. 适度自动化的“亚洲一号”

以京东位于沈阳的“亚洲一号”项目（在建）为例，来说明适度自动化的“亚洲一号”主要功能。

沈阳“亚洲一号”，占地面积约430亩，计划总投资约25亿元，分两期建设，建设有库房、分拣中心、设备用房及附属配套设施，建成后可作为办公、存储及配送于一体的大型仓储项目。

园区分A、B两个区域，包含4个仓库（两个大件仓、两个中小件仓）、1 个分拣中心，以及宿舍、食堂、设备用房等配套建筑。机器设备有自动搬运小车、电动托盘车、前移叉车、夹抱车、输送设备、电脑、打印机、手持终端、无线扫描枪等，具体数量见表 2-1。拟聘用人员 1500 名，实行两班制，每天工作时间 16 小时，每班工作 8 小时。

表 2-1 沈阳“亚洲一号”主要生产设备

序号	设备名称	单位	数量	是否为充电	位置
1	自动搬运小车	台	12	是	1~2 号库
2	电动托盘车	台	20	是	1~2 号库
3	前移叉车	台	12	是	1~4 号库
4	夹抱车	台	12	是	1~4 号库
5	输送设备	套	1	—	3~5 号库
6	电脑	台	400	—	1~4 号库
7	打印机	台	100	—	1~4 号库
8	手持终端	台	500	—	1~4 号库
9	无线扫描枪	台	500	—	1~4 号库

也就是说，适度自动化的“亚洲一号”依赖于系统软件、设备硬件以及人工的有机结合，以更合适的成本实现效率的提升。相比完全自动化甚至于无人化，不需要更大的投入，况且一些场景并不能完全标准化，不适用无人化模式。

因此，京东物流“亚洲一号”项目部高级总监王银学曾表示，人机混合作业的模式已成为很多仓内作业的重要解决方案，人机协同将应用于所有“亚洲一号”智慧物流中心。

4. 投资回收期

截至 2019 年第三季度，京东物流管理的仓库约 650 个（包含自建仓库、合作建仓与租赁仓库），其中“亚洲一号”25 个，分布于上海、北京、天津、江苏、广东、山东、四川等地，基本覆盖几大主要经济圈。京东物流 2017 年曾宣布，用 5 年时间在全国 30 多个核心城市建设并运营

“亚洲一号”。数据显示，2017 年京东物流投入 81 亿元用于土地和在建工程，主要用于“亚洲一号”的投资与建设。

为了分析一个“亚洲一号”仓库的投资和建设成本，笔者收集了 9 个已建成或建设中的“亚洲一号”基础信息，具体如表 2-2 所示。

从表 2-2 中可以看到，“亚洲一号”平均占地面积约 462 亩，平均投资金额约 32 亿元，年处理订单量基本在 1 亿单左右。

表 2-2 九个“亚洲一号”的基础信息（包含在营及在建）

所在地区	占地面积（亩）	计划投资额（亿元）	其他信息
上海	300	—	430 万件商品存储，日均处理量 10 万单
湖南	390	35	—
四川	365	30	日均存储 800 万件，预计年处理订单 1 亿笔
吉林	675	50	—
山东	480	20	200 万 SKU，预计年处理订单量过亿
天津	612	40	—
辽宁	430	25	计划雇员 1500 人
内蒙古	412	12	—
江苏	超 500	45	“6·18”期间日处理订单峰值是 35 万件/天

据了解，京东物流快递的单票收入约 16 元/件，其中配送端约为 12 元，仓储端约为 4 元。有数据称京东物流的毛利率为 6.8%，也有数据显示京东物流的整体运营利润率为 5%~10%。为方便计算，笔者取最大值，至于订单量，按 1 亿单/年来计算，相当于平均每天需处理超过 27 万笔订单。

据此，我们可以估算出一个“亚洲一号”的年营业利润约为 0.4 亿元，估算过程如下：

“亚洲一号”年营业利润=年处理订单 1 亿件×仓储端收入 4 元/件×运营利润率 10%=0.4 亿元

按一个“亚洲一号”平均投资金额约32亿元，0.4亿元/年的营业利润来计算，其静态投资回收期为80年。

当然，这仅是估算值；不过无论怎么调整，“亚洲一号”的投资回收期也不会少于仓储用地50年的使用年限，况且我们这里使用的只是营业利润率，而非净利润。

明知山有虎，偏向虎山行。京东物流为什么明知投资回收期如此漫长还坚持开工建设“亚洲一号”？主要原因有：首先，京东也好，京东物流也罢，其资金多数来源于融资，京东物流2018年初便获得25亿美元的投资；其次，集中应用新技术的自营仓储，有助于保障物流时效，提高用户体验，为京东商城加固护城河；再次，建设“亚洲一号”有助于扩大资产规模、提升品牌形象、确立行业高标准，进而利于其完成后续的资本运作，包括首次公开募股（IPO）。

第三章　靶向物流需求

一、外资快消巨头的打算

1. 市场背景

中国巨大的市场潜力，吸引了一大批外资快消巨头抢滩登陆，可口可乐、宝洁、联合利华等国际大品牌纷纷来华开工厂、收品牌、铺渠道。这些外资快消巨头在分享中国改革红利的同时，也为我们带来了丰富的产品、先进的管理理念与商业模式。快递、第三方物流等现代物流正是在这个阶段开始在中国大地上落地生根。

不过，快消品行业以快著称，中国市场与中国企业在快速成长，中国快消品市场在快速变化。曾经风光无限的外资快消巨头，不同程度地陷入经营困境。从尼尔森报告中的几组数据，我们可以看出中国快消品市场竞争的惨烈性。

2007 年前 100 强品牌有 54 个在 2017 年的市场消失。

2016 年的新品有 70%一年半就淘汰了，新品存活率很低。

快消品企业营销费用占比逐年增加，投资回报率却停滞不前。

快消品行业的巨头，近两年都在尝试不同形式的人员精简计划；而且这种情况呈现持续性趋势。

笔者认识的一位快消业资深人士，先是在宝洁任职多年，后跳槽去了亿滋（玛氏），2018 年出走快消行业，到了顺丰科技。

2. 联合利华与京东的合作

1929 年，英国 Lever 公司与荷兰 Margarine Unie 公司签订协议，组建

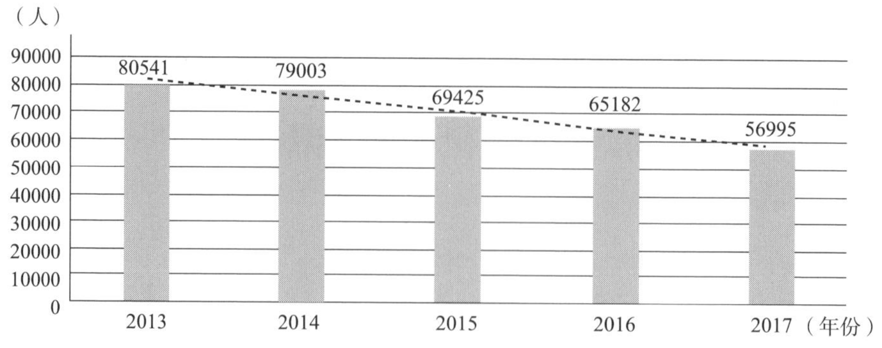

图 3-1　2013—2017 年某知名食品饮料企业员工数量变化

资料来源：新经销。

Unilever（联合利华）公司。经过 90 多年的发展，联合利华公司已经成为世界上最大的日用消费品公司之一。在此，笔者尝试以联合利华与京东的合作为例，解码外资快消企业的需求。

2012 年，联合利华在中国市场的营收，仍以两位数的速度增长。

2013 年，快消行业遭遇寒冬，宝洁、联合利华等企业在中国的发展受阻。宝洁的应对策略是进行渠道下沉，深入三四线城市；与此不同的是，联合利华以“保卫城市”策略为主，推出面向中高端人群的清扬品牌，同年在京东商城开设自营店铺。因为当时的京东商城消费者以一二线城市人群为主，B2C 品质保障为其宣传点。

2014 年，三四季度时，联合利华中国区的销售额下降了 20%，严重拖累集团的整体业绩表现。这一方面是由于国内品牌及电商渠道的冲击，更重要的是联合利华渠道策略的失误，忽略了三四线城市市场。

2015 年，联合利华双线发力，一方面入驻京东全球购，将中高端海外美妆产品直供中国，海外品牌通过跨境电商被推送到中国消费者面前；另一方面开始与农村淘宝、阿里零售通合作，通过新渠道铺货更多三四线城市或村镇的零售门店终端，以期提高产品销量。

2016 年，联合利华与京东新通路（京东新通路 2015 年 12 月成立）合作，希望进一步渗透三四线城市及村镇市场；同年与京东物流合作，共同发起回程车项目，减少空车运行，节省运输成本。

2017 年，联合利华与京东超市开展战略合作，聚焦于新品推广；同年，联合利华与京东新通路的合作升级为战略合作，双方在深度分销、品牌推广、品类管理、配送效率等方面展开更深入的合作，以实现线上线下的融合。联合利华还与京东 Y 事业部开始了以“联合预测”为主题的电子数据交换（EDI）、协同式供应链库存管理（CPFR）合作，截至 2018 年 6 月，EDI 对接 100%准确，现货率提高到 96%。

2018 年，“6 · 18”期间，京东物流服务的新通路商家订单同比增长了 347%，促销效果明显；同时，鉴于双方在绿色供应链方面的共识，联合利华与京东物流于 2018 年 7 月宣布开展战略合作，联合利华将借助京东物流的全国仓储物流网络，下沉覆盖三四线城市及西北、西南等偏远地区。

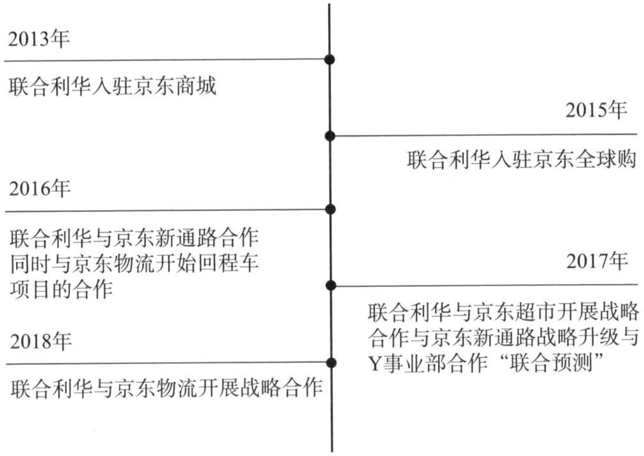

图 3-2　联合利华与京东集团的合作历程

3. 巨头的背后想法

拨开迷雾见真章，透过现象看本质。虽然通过外在透视内在的难度不小，但笔者愿意尝试。

（1）营收下滑压力大，成本压缩措施受欢迎

随着本土快消品牌的快速成长，其知名度、美誉度日益提升，对外资快消品牌产生不小压力；更主要的是电商渠道的兴起，使外资快消巨头的传统分销体系优势大打折扣，从而陷入经营困境。凯度消费指数和贝恩公司联合推出的2017年中国购物者报告指出，在其跟踪的26个品类中，有18个品类出现了外资品牌被本土品牌夺走市场份额的情况，占比接近70%。

为了走出困境，外资快消巨头纷纷尝试缩减经销商数量、裁减员工、压缩广告商预算等多种手段，可以压缩物流供应链成本的措施自然受到这些企业的欢迎。联合利华与京东物流2016年合作“回程车项目”，正是为了压缩物流成本。

（2）通过覆盖三四线城市及村镇，增加销售收入

目前有80%的人口生活在三四线城市和村镇，随着国家“乡村振兴”战略的快速推进，居民消费能力以及电商渠道渗透率的提升，三四线城市及村镇地区将成为各个快消企业眼中的香饽饽。从图3-3中可以看出，我国农村居民人均消费支出的增速远高于城镇居民。

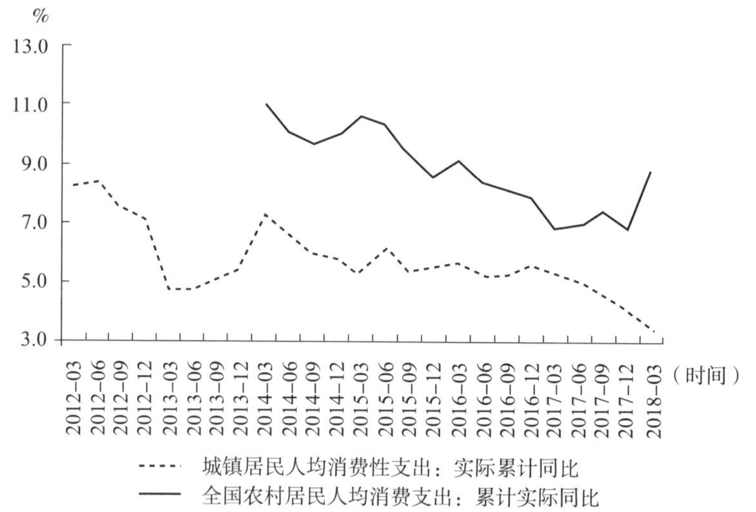

图3-3　农村、城镇居民消费增速水平比较

联合利华选择在这个节点上强化与京东的合作，就是希望通过京东物流的仓网布局，让货品触及更广阔的末端，扩大其在三四线城市甚至村镇地区的占有率与影响力。

（3）平衡效率与成本

要高效地将货品下沉至村镇地区，必定要付出相应的成本；压缩成本，自然会影响铺货效率与下沉深度。由于三四线城市的地理范围更广，村镇站点分散，要全面、快速地将货品送达销售终端，必然要耗费巨大的资金成本。

企业必须在效率与成本间取得平衡，以最低的成本实现所要达到的物流效率；否则即便拥有较高的市场占有率，也无法获得高利润。联合利华深知这一点，2017 年其与京东 Y 事业部合作“联合预测项目”，便是希望通过大数据分析等新技术，提高销量预测准确率，提高现货率、订单满足率并减少库存周转时间；2018 年联合利华与京东物流开展战略合作，一是看中京东物流对全国近 3000 个区县的覆盖，二是看中京东物流在计划预测、智能补货等方面的优势。

联合利华期望通过新技术、新设备的应用，实现成本与效率的平衡。联合利华研究共享货运、数字化供应链方面的应用，亦是出于这个目的。

总之，无论是全程无人仓还是多渠道融合仓，无论是无人运输配送（含无人车、无人机）还是多式联运，只要利于快消企业以最优成本及时将货品铺到销售终端或直接配送至消费者，就是好的模式。货主企业要的是结果，其并不关心具体过程与方法。为此，我们应思考，除智慧物流供应链之外，是否有其他方案可以使效率与成本达到平衡？

二、物流企业如何用好知识溢出效应

2018 年诺贝尔经济学奖得主保罗·罗默提出，经济规模的大小并不是经济增长的主要因素，人力资本（有专业技能的人才）的规模才是重要的推动因素。

人才作为一种实体，在使用上具有排他性，一般情况下，个体受聘于某家企业之后，不能同时在其他企业任职。但人才生产的知识却具有不完全排他性和不完全独占性，这使得知识可以产生溢出效应。同时，知识溢出过程具有交流效应、模仿效应、带动效应、链锁效应等。这使得所有企业都有可能借助行业知识溢出效应，以较低成本快速提升其生产效率，实现内生增长。

知识溢出效应的作用显而易见，物流企业该如何于经营管理中应用？根据知识的不同来源，我们可以将之细分为借入式知识溢出效应与自生式知识溢出效应。在物流行业，借入式知识溢出效应主要通过招聘外部人才、借助“外脑”、连横合纵、学习标杆专利四种方式发挥其作用；自生式知识溢出效应则主要通过内设研究部门、服务标准化等方式。

1. 招聘行业中的资深人才

对于创业型企业或新业务来说，尽快形成相应能力的最快办法便是招聘行业中的资深人才。资深人才对行业、领域有深入的了解，有实战经验，可以很快进入角色并独当一面；同时，外部资深人才的知识与经验能被团队所汲取与扩展，用于培养新人，实现知识的溢出。

例如，京东物流开始涉足B2B合同物流领域时，便从中外运、宝供物流等行业知名企业招募了不少资深人才，尤其是大客户销售、运作管理类人才。这些人才帮助京东物流很快打开了合同物流市场，在不到一年的时间里，实现了超过5亿元的营收。

2. 与咨询公司、科研机构、高等院校等智力机构合作，借力“外脑”

丹尼尔·贝尔在《后工业社会的来临》一书中提出：在后工业社会，首要资源是受过训练的专业人才，首要机构是科研、咨询、高等院校等。

德邦较早与IBM、埃森哲、美世等国际知名咨询公司展开合作，借用咨询公司这一智囊团，为自己做战略规划。例如，德邦与埃森哲合作，开展零担快递客户分群、营销策略设计、销售管理体系建设等研究，提升其客户洞察能力、销售能力、服务能力等，并开启以客户为中心的业务转型。另外，埃森哲为德邦规划了相应的运营和 IT 系统，助其打造与新业务相适应的基础设施和业务流程。这些努力为德邦实现业务收入稳步增长奠定了良好基础。

京东物流也是一家很注重借助“外脑”的物流企业。2018 年 4 月，其与北京大学、中科院、北京交通大学等十余家高等院所或科研机构举办了科技需求、科技成果对接交流会，探索物流领域“产学研”融合；2018 年 10 月之前，京东与北京科技大学、北京邮电大学、南开大学等高校建立战略合作关系，推动国家物流政策规划研究、行业前瞻性研究和人才培养。与此同时，京东物流通过主办或参与京东全球运筹优化挑战赛、物流机器人挑战赛、全国大学生物流仿真运营设计大赛、京东物流供应链竞技大会等赛事，从高校中寻找亮点技术、可商业化产品以及有潜力的人才。

3. 连横合纵，化敌为友

通过并购、合营、控股等方式，连横合纵行业的优势资源，补齐短板，将竞争对手转化为内部力量，充分利用借入式知识溢出效应。下面以顺丰速运为例。

2018 年 4 月，顺丰联合 8 家企业成立“超级大数据”公司，目标是构建国内最有影响力的供应链大数据平台，提升自身竞争力。

2018 年 5 月，顺丰联合新邦物流成立合资公司，推出“顺心快运”，深挖重货快运的市场潜力。

2018 年 8 月，顺丰与夏晖合作成立新夏晖，借助对方在冷链物流领域的优势，打造一体化供应链及综合物流解决方案的服务能力。同期，顺丰与中铁快运合资成立中铁顺丰国际快运有限公司，发力高铁快递领域……

正是通过这种借入式知识溢出效应，顺丰快速拼齐业务版图，在综合物流领域逐渐提升其市场影响力，助力其实现物流帝国梦。

4. 学习与借鉴标杆企业的专利资料

专利文献一般包含技术内容、技术特征、实现逻辑和相关附图，对技术研发与改进有很大的启发与指导作用。

资料显示，90%以上的新技术会在专利文献中得以体现，通过对标杆企业专利文献的分析与学习，可以节约 40% 的研究费用和 60% 的研究时间，借入式知识溢出效应非常明显。

通过对比专利数量，笔者发现，近一两年，京东物流获得的相关专利约 260 份，约是顺丰速运的 2 倍、百世物流的 26 倍。查看具体专利内容，可以发现，京东物流的专利发明主要集中于智能化、无人化领域，如自动化数据回溯的方法与系统、装车机器人、自动导引运输车、智能自动化包装生产线系统等；顺丰速运在包装材料及技术方面的专利远远多于其他物流企业，如具有缓冲性能的包装、蓄冷剂及果蔬保鲜方法、可循环式包装箱、拉伸式缓冲包装结构、内部带隔断的纸箱等。

5. 成立内部专职研究机构

在企业内部设立专职研究机构或部门，是物流企业实现自生式知识溢出的重要举措。设立专职研究机构或部门，一方面便于公司根据业务发展需要，随时安排针对性、实用性更强的专题研究，与研究外包相比，费用成本较低，沟通与修改较为便利；另一方面以研究机构或部门的名义，便于发布行业洞察报告、观点性文章，确立企业的行业专业形象，有助于提升品牌形象与品牌价值。

因此，苏宁成立了物流研究院和 S 实验室，圆通成立了圆通研究院，百世成立了车辆研究院，中通则成立了发展研究中心，宝供物流亦有宝供研究院……物流企业纷纷成立研究机构或部门，开展相关专题研究，为其发展提供建设性意见。

6. 服务标准化，化隐性经验为显性知识

物流供应链服务不同于有形产品，没有具象的承载体；与交易过程相伴随，服务技能与经验多半依附于个体，同一环节不同的人给人的服务体验常常是不同的。

目前，除快递、快运两个领域之外，物流行业的服务标准化程度很低，尤其是以定制化服务为主的合同物流领域，不同客户的服务体验往往大不相同，甚至同一个客户在不同区域对物流服务的体验也不尽相同。

经验技能属于隐性知识，通常只能在小范围内传播，而且成本较高；只有将服务标准化，形成书面材料，转化为显性知识，才便于学习和传播。同时，服务的标准化过程，是一个经验系统化、知识沉淀内化的过程，有利于后续的培训、共享与创新等工作开展。

物流企业要发挥好知识溢出效应的作用，还需提升自身的接受能力，即物流企业对新知识、新事物、新人才的接纳度。封闭、故步自封，不能接纳人才的企业难以享受到行业知识溢出效应的红利。

三、物流需求与峰终定律（MOT）

心理学家、诺贝尔经济学奖得主丹尼尔·卡尼曼（Daniel Kahneman）经过深入研究发现，人们对于服务体验的评价主要由两个因素决定：一是高峰时的体验，即服务过程中的最优体验；二是结束时的体验，即服务终点前最后环节的感知。过程中其他环节服务体验的优劣，对用户最终感知的影响微乎其微。要确定哪个环节成为服务体验的峰值点，则涉及服务业另一个管理概念与行业模式：关键时刻（Moments of Truth，MOT）。前北欧航空公司首席执行官詹·卡尔森在其名著《关键时刻·MOT》中对“关键时刻”给出了这样的定义：任何一个与顾客产生联系或接触的点，无论多么微小，都是一个给顾客留下好印象的机会。

用好“峰终定律”“关键时刻”，可以帮助企业识别需重点优化的环节，有的放矢地投入资源，以小投入获得用户体验满意度的大幅提升。因此，这两个理念得到众多企业经营管理者的认可，应用到实践运营中得以提升客户体验与满意度。例如宜家，由于其购物线路采用“单程道”模式，顾客需依次经过不同区域才能到达目标区域或出口，这个过程费时较长，返回寻找东西比较麻烦。为了给顾客留下一个好印象，宜家应用“峰终定律”，设计物美价廉的产品、打造高颜值样板区，在餐厅提供多种美味可口的食物等，让顾客在购物过程中体验到各种“小惊喜”，形成购物过程的体验“峰”值。同时，宜家在出口处提供 1 元可得的冰激凌，让顾客在走出大门之前吃上一口甜美的冰激凌，冲淡之前的糟糕购物体验，愉快地回家。

为提升客户体验满意度，形成良好口碑增强客户黏性，为企业的发展筑起一道护城河，物流企业在服务过程中，可以合理运用 TOM 峰终定律。

第一，根据过往经验，结合客户访谈或调研，总结归纳服务中的关键体验点。确定关键体验点的标准主要有两点：一是关键绩效指标涉及的内容；二是工作人员与客户或客户的客户接触或沟通中涉及的相关问题。以运输服务为例，从销售人员与客户接触开始，一直到回单签收返回，整个服务过程可提炼出 18 个关键体验点；从中可以很清楚地看出，运输服务的“终点”环节是“回单签收完整，且回收及时率高”，具体如表 3-1 所示。

表 3-1　运输服务的关键体验点

序号	运输服务的关键体验点
1	物流服务商能较好地理解我们的需求
2	物流服务商能拿出令人满意的方案
3	物流服务商有较好的沟通、方案宣讲水平，能传达其价值
4	前来拜访的人员与我们保持较好的私人关系

续表

序号	运输服务的关键体验点
5	订单信息对接准确率高
6	仓储、运输（配送）全程实现跟踪且可视化
7	客户投诉处理及时且妥当
8	异常风险管理较好，很少发生事故，且信息安全度高
9	合作期间，各类信息反馈及时、不掩盖问题
10	能较好地满足临时业务的运作需求（如临时发运、增仓）
11	定期回顾 KPI 和运作质量水平，并能提出可行的改进措施
12	能主动提出优化或创新方案建议
13	能按时按量满足要车计划
14	上门提货延误率低
15	运输（配送）过程中的货损货差较少
16	到货延误率低
17	卸货平稳、安全，司机服务态度好
18	回单签收完整，且回收及时率高

第二，设计、发放并回收问卷，通过相关性分析，找出与整体满意度关联度高的关键体验点。除“终”点以外，还需要找出哪些环节是重中之重，如此才能明确“峰”值体验处于哪个关键体验点上。

表 3-2　客户满意度关联因子

因子	与满意度的相关性系数	显著性（双侧）
订单信息对接准确率高	0. 478	0. 000
客户投诉处理及时且妥当	0. 463	0. 000
卸货平稳、安全，司机服务态度好	0. 376	0. 000
合作期间，各类信息反馈及时、不掩盖问题	0. 374	0. 000
上门提货延误率低	0. 322	0. 000
能按时按量满足要车计划	0. 316	0. 000
到货延误率低	0. 311	0. 000

续表

因子	与满意度的相关性系数	显著性（双侧）
回单签收完整，且回收及时率高	0.308	0.000
异常风险管理较好，很少发生事故，且信息安全度高	0.302	0.000
能较好地满足临时业务的运作需求（比如临时发运、临时增仓）	0.299	0.000
定期回顾 KPI 和运作质量水平，并能提出可行的改进措施	0.286	0.000
能主动提出优化或创新方案建议	0.264	0.000
运输（配送）过程中的货损货差较少	0.263	0.000
仓储、运输（配送）全程实现跟踪且可视化	0.256	0.000

如表 3-2 所示，通过相关分析我们可以看到，各因子的显著性数值均为 0，远远小于 0.01，说明各关键体验点与整体满意度间的相关性成立且非常显著；同时，数据告诉我们，以下四个体验点与整体满意度的关联度较高，是关键中的关键，应努力打造客户体验的“峰”值，我们姑且称之为核心体验点。

（1）订单信息对接准确率高。

（2）客户投诉处理及时且妥当。

（3）卸货平稳、安全，司机服务态度好。

（4）合作期间，各类信息反馈及时、不掩盖问题。

第三，询问企业客户，了解其对企业物流服务各环节的服务体验，结合已知的终点及四个核心体验点，制作相应的图表，从中找出需重点解决的问题。下面以某综合物流企业的数据为例加以说明。

如图 3-4 所示，在终点体验上，该企业获得整个流程中最高的体验值，这很好地解释了为什么尽管该企业服务标准化程度较高，缺乏个性化，不能很好地满足客户临时业务的运作需求，但客户对其整体满意度仍然较高。另外，在四个核心体验点上，该企业仍未真正形成服务体验的“峰”值，尤其是“合作期间，各类信息反馈及时、不掩盖问题”这一方面，得分仅为 7.7 分，接近“谷底”，急需加以优化提升。

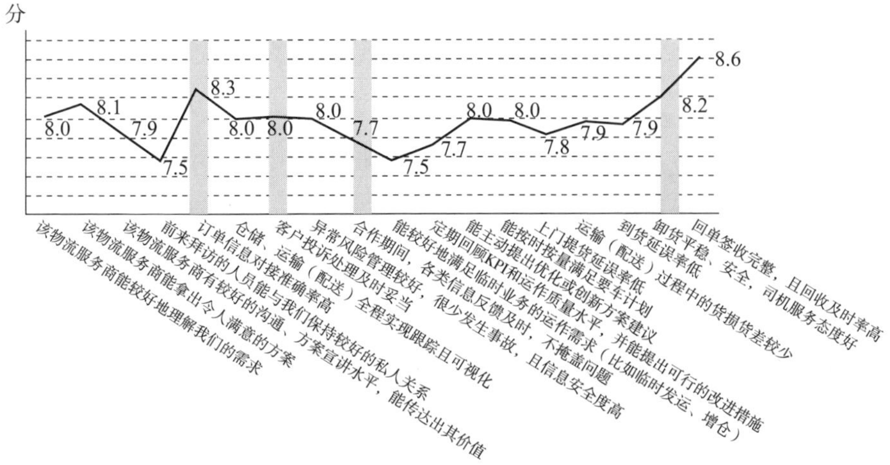

图 3-4　某综合物流企业运输服务关键体验点满意度

第四，针对要重点解决的问题点，通过一对一深度访谈、小组座谈会等形式，拆解问题，对标行业成功案例，找差距，深入了解客户需求，给出优化措施建议，提供资源支持。

第五，改进措施或办法，小范围试行并听取客户反馈，根据反馈意见完善措施或办法，以较小试错代价解决问题。

第六，形成文档记录，内化为企业的知识体系，加强企业员工培训，避免再出现类似问题，保持“峰”值体验的连续性与一致性。

四、服务需求卡诺模型分析

随着物流市场的拓展，行业壁垒逐渐被打破，越来越多的企业加入进来，物流服务业竞争日趋激烈。产品服务同质化问题日益显现，服务体验、服务满意度成为物流企业开拓市场的关键。

“以用户体验为中心”“顾客是上帝”是物流企业应秉承的理念。如何让理念不成为一句空话，如何让服务更加贴合客户需求，是所有物流企业需要进一步思考踏实做好的工作。要提升服务满意度，就需要把握客户的真实需求，了解客户需求的优先级，将有限资源集中于客户最关心的点，做到有的放矢，事半功倍。为实现这一点，一个名为卡诺模型的工具值得推荐使用。

日本东京京理大学教授、日本品管大师狩野纪昭（Noriaki Kano）于1984年发明的卡诺模型，已证明是一个对客户需求分类及优先排序有效的工具，它揭示了服务内容（或产品性能）与客户满意度之间的非线性关系。在卡诺模型中，客户需求被划分为四种类型：必备类、期望类、魅力类和无差异类。它们之间的优先顺序为必备类>期望类>魅力类>无差异类；也就是说应优先满足客户的必备类需求和期望类需求。

必备类需求是优化此类服务时，用户满意度不会提升，不提供此类服务时，用户满意度会大幅降低的需求；期望类需求是提供此类服务时，用户满意度会提升，不提供此此类服务时，用户满意度会降低的需求；魅力类需求是用户意想不到的，如果不提供此类服务，用户满意度不会降低，但提供此类服务时，用户满意度会有很大提升的需求；无差异类需求是无论提供或不提供此类服务，用户满意度都不会发生改变，用户根本不在意的需求。

1. 应用卡诺模型的步骤

首先，设计并发布问卷。设计问卷时需要注意，卡诺模型对于问题格式有相应要求，需要向客户询问，当企业提供或不提供某项服务时，客户的接受程度如何。客户接受程度一般使用5分制李克特量表衡量：很不喜欢1分；勉强接受2分；无所谓3分；理所应当4分；很喜欢5分。

其次，问卷数据需剔除无效样本，再行计算分析，整理成卡诺模型的数据表格式，具体如表3-3所示。在此基础上，分别计算该项服务的Better与Worse系数，公式分别为

Better系数=（期望+魅力）÷（必备+期望+魅力+无差异）

Worse 系数=（必备+期望）÷（必备+期望+魅力+无差异）

表 3-3　卡诺模型数据表格

<table>
<tr><th colspan="2" rowspan="2">对于服务 A</th><th colspan="5">如果不提供该服务</th></tr>
<tr><th>很喜欢</th><th>理所应当</th><th>无所谓</th><th>勉强接受</th><th>很不喜欢</th></tr>
<tr><td rowspan="5">如果
提供
该服务</td><td>很喜欢</td><td>/</td><td>魅力属性</td><td>魅力属性</td><td>魅力属性</td><td>期望属性</td></tr>
<tr><td>理所应当</td><td>反向属性</td><td>无差异属性</td><td>无差异属性</td><td>无差异属性</td><td>必备属性</td></tr>
<tr><td>无所谓</td><td>反向属性</td><td>无差异属性</td><td>无差异属性</td><td>无差异属性</td><td>必备属性</td></tr>
<tr><td>勉强接受</td><td>反向属性</td><td>无差异属性</td><td>无差异属性</td><td>无差异属性</td><td>必备属性</td></tr>
<tr><td>很不喜欢</td><td>反向属性</td><td>反向属性</td><td>反向属性</td><td>反向属性</td><td>/</td></tr>
</table>

最后，汇总每项服务的 Better 与 Worse 系数，以 Worse 系数为 X 轴、Better 系数为 Y 轴制作散点图，并以两类系数的平均值为界限划分四个象限。高 Worse、低 Better 为必备类需求，高 Worse、高 Better 为期望类需求，低 Worse、高 Better 为魅力类需求，低 Worse、低 Better 为无差异类需求。

2. *应用卡诺模型识别客户重点需求*

消费者需求日趋多样化、碎片化，销售渠道也应多样化，货主企业在新零售环境下，对于履约交付、服务标准有更高要求。物流企业要随着货主企业的要求而变化，但物流服务环节及内容复杂多样，物流企业不可能同时提升所有环节或内容的绩效水平。有所为有所不为，基于经济效益考量，物流企业应将资源聚焦于客户最为关心的环节，以最小的投入获取最大的回报。

因此，物流企业可以应用卡诺模型来识别客户的重点需求，指引公司合理调配资源，以小投入换取客户满意度的大幅提高。同时，为了更加深入、全面地理解客户需求，在卡诺模型中，我们增加了客户未来发展策略、对现有物流服务商不满意之处等问题。同时，将样本划分为大客户（年销售额>10 亿元）与中小客户（年销售额≤10 亿元）两个类型，对比研究两类客户的需求重点。

（1）调研概况

此次调研共回收有效问卷237份，受访者主要分布于快消品、化工、3C家电、家居建材、汽车零部件及服装鞋帽六大行业，其中大客户类型企业占比约20.6%。

（2）客户未来发展策略

数据表明，大客户与中小客户在未来发展策略上具有三个共同点：一是提升信息化、数字化技术应用水平；二是在主营业务上研发更多新产品；三是更多地采用绿色环保措施。通过推出新品来刺激消费，这是企业市场营销惯用的策略，无须多言。信息化、数字化技术越来越受重视，且从大客户端的应用逐渐扩展到中小企业，说明越来越多企业经营者认识到信息化与数字化的重大作用，有助于信息数据的流转，有助于减少“牛鞭效应”，有助于提高企业对市场的感知与反应能力。与此同时，近几年随着国家对环境保护、污染防治的重视，高能耗高污染企业的生存空间越来越小，倒逼越来越多的企业，无论是大型企业还是中小微企业，都尽可能地在仓储、运输环节应用新能源或可循环器物，以求绿色环保。

另外，大客户企业、中小客户企业之间亦有明显的区别。大客户企业更侧重于拓展海外市场及打造端到端透明化、可视化的供应链，两项比例分别为34.7%、32.7%，远高于中小客户企业。大客户企业一般占有较高的国内市场份额，需要走向海外增量市场；随着市场规模的扩大，大客户企业需要一个透明可视的供应链助其及时、准确地了解整体运营状况。

中小客户企业则侧重于削减各类成本费用及库存数量，两项比例分别为31.4%、20.7%，明显高于大客户企业。说明在经济下行压力下，中小客户企业经营面临更大困难，生存压力明显增大，急需降低运营成本，尤其是减少库存占压。

（3）客户对于物流服务商的不满之处

两类企业均对物流服务商的成本控制能力、物流可视化能力、外部资源整合能力不满意。根据罗戈研究院发布的《2018 合同物流发展报告》数据，货主企业认为合同物流企业最应该具备的能力中，排前两位的分别是供应链整体解决方案能力和成本控制能力，与我们的调研结果基本上是互相印证、互为补充的。

相较而言，大客户企业对现有物流服务商的外部资源整合能力更为不满，因为大客户企业在物流服务方面有较高的要求标准，需要更多的物流资源才能满足其需求。中小客户企业则对现有物流服务商的业务网络覆盖能力、物流可视化能力、解决方案设计能力更为不满意。原因可能是中小客户企业的主要合作对象是中小型物流企业，其网络覆盖面、可视化程度、解决方案设计水平等较低。

（4）客户需求的优先排序

根据客户的需求，我们罗列了包含保质期批次管理、端到端可视化、波峰波谷应对办法、减少残损、绿色环保等在内的 12 项与物流供应链解决方案相关的服务项，并设计了卡诺模型所对应的问题。经过数据处理与分析，我们发现，在大客户企业对于物流供应链解决方案的需求内容中，防盗防损、减少残损这一项是必备类需求，是方案中必须有的服务内容；绿色环保，保质期、批次管理，信息透明、端到端可视化，运营安全管理四项属于期望类需求，应想办法满足其需求；订单预测、智能补货，商流物流一体化等属于魅力类需求，属于客户隐性需求，如果能满足该类需求，将会超出客户预期。

而在中小型企业对于物流供应链解决方案的需求内容中，防盗防损、减少残损，保质期、批次管理两项属于必备类需求，是方案必须有的服务内容；信息透明、端到端可视化，运营安全管理两项属于期望类需求，应想办法满足客户的需求；订单预测、智能补货，商流物流一体化，智能仓网规划三项属于魅力类需求，属于客户隐性需求，如果能满足该类需求，将会超出客户预期。

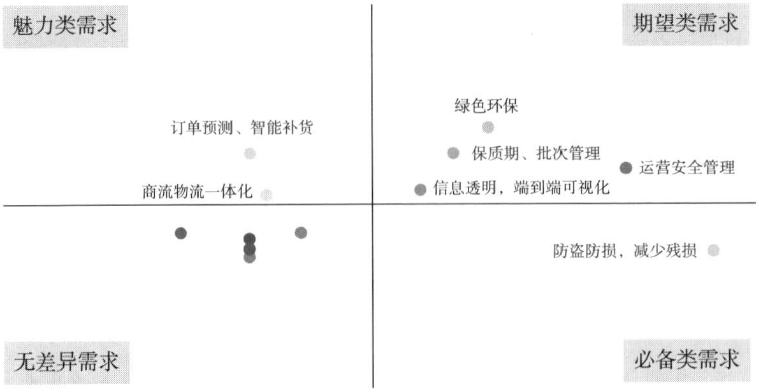

图 3-5 大客户企业对解决方案需求的卡诺分析

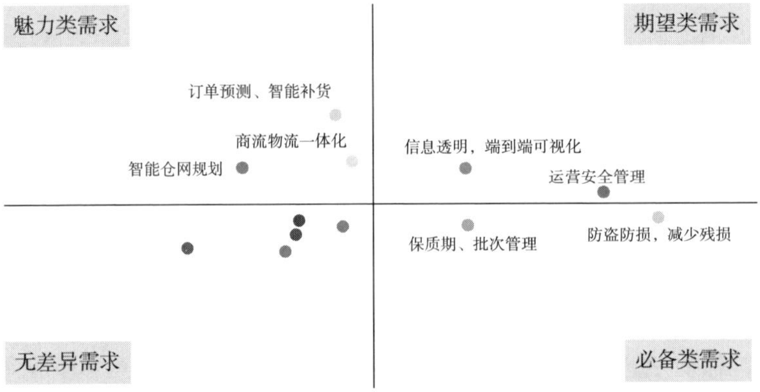

图 3-6 中小客户企业对解决方案需求的卡诺分析

（5）小结

结合客户发展策略，从客户对现有物流服务商的不满以及卡诺模型分析结果来看，大客户企业的需求优先项为外部资源整合、降低物流成本、透明可视化、绿色环保四项内容；中小客户企业的需求优先项为透明可视化、降低物流成本两项内容。

五、动力电池回收逆向物流

2012年我国新能源汽车保有量突破3万辆，新能源汽车进入规模化发展阶段，第一批新能源汽车动力电池陆续进入退役期。为此，国家陆续在动力电池回收处理方面出台相关政策，部分地方也给予资金补贴；但由于不是强制性措施，加上回收处理的难度大，目前我国动力电池回收处理系统还未成体系，有待加强与完善。

不过随着我国新能源汽车市场的快速发展，一些物流企业开始关注动力电池回收市场，积极寻求发展商机。具体情况如下。

1. 动力电池市场发展迅猛

2012年6月28日，国务院正式发布《节能与新能源汽车产业发展规划（2012—2020年）》（国发2012年第22号文）提出，“到2020年纯电动汽车和插电式混合动力汽车生产能力达200万辆、累计产销量超过500万辆”。根据中汽协的数据，2018年国内新能源汽车产销量分别达到127万辆、125.6万辆，同比分别增长了59.9%和61.7%。

2018年全年动力电池装机量为57.35GW·h（电量单位），同比增长57.0%。依据工信部发布的《新能源汽车动力蓄电池回收利用调研报告》，截至2018年，我国动力蓄电池累计配套量超过131GW·h，产业规模位居世界第一。

另据第一电动网的数据，2019年1月，我国动力电池装机量为4.98GW·h，同比暴涨282.5%；2019年2月动力电池装机量为2.25GW·h，同比增长118.9%；2019年3月动力电池装机量为5.09GW·h，同比增长146.3%。由此可见，2019年第一季度我国动力电池装机量同比增长在100%以上，发展迅猛。

未来新能源汽车动力电池的供应量将持续上升，以比亚迪电池为例，除深圳宝龙工厂、惠州坑梓工厂、青海西宁工厂 3 处工厂以外，比亚迪还规划投资新建长沙宁乡电池基地、重庆工厂、西安工厂 3 处生产基地。随着各地电池工厂的正式投产，比亚迪电池 2020 年的年产能预计达到 60GW · h。

2. 动力电池必须回收

动力电池含有六氟磷酸锂、苯类、酯类化合物等难以自然降解的物质以及钴酸锂、锰酸锂、六氟磷酸锂、EC 等有毒有害物质。报废的电动汽车动力蓄电池必须经过适当处理，否则会严重污染环境，产生安全隐患，同时造成资源的浪费。因此，必须对新能源汽车动力蓄电池进行回收处理，利用工艺技术回收动力电池中的铜、铝、锂、镍、钴、锰等高价值元素，再循环利用到新的动力电池包中。据估测，2018 年从报废的动力电池中回收镍约为 1.8 万吨，回收价格达到 14 亿元；锂的回收量虽然相对较少，但测算后的回收价格却高达 26 亿元，回收价值较高。

在动力电池回收处理过程中主要涉及三种回收工艺处理技术；一是高温冶金法，即借助高温与简单机械对回收的锂电池进行破碎，筛选含有金属和金属氧化物的细粉体；二是湿法冶金，即把回收的动力电池破碎后，选用适当的化学试剂将其溶解，从中分离出金属元素；三是物理拆解法，即直接将回收的动力电池进行破碎、分离、筛分、磁选，得到金属含量高的物质，再进行下一步处理。

3. 动力电池进入规模性报废期

一般情况下，当电池容量衰减至设计值的 60%~80%时，即无法满足汽车对于动力的需求，需要替换。按行业规范，磷酸铁锂电池报废期为 5 年，三元锂电池报废期为 6 年，电动商用车的电池由于充放电频率较高，有效寿命为 3 年左右。如今，距离新能源汽车市场规模化发展已超 6 年，2018 年，我国第一批电动商用车的电池使用寿命已到，2019 年开始进入动力电池的规模性报废期。根据国海证券研究所的测算，2019年报废装机量将达到 11.4GW·h，伊维经济研究院估测其重量达到 11万吨左右。

预计 2020 年动力电池报废装机量将达到 24.7GW·h，估计重量超过20 万吨；到 2025 年，动力电池报废总量有可能达到 126GW·h，是 2020年报废规模的 5 倍以上。

4. *动力电池回收市场逐步规范*

考虑 2018 年之后我国将进入新能源汽车动力电池规模化报废期，国家相关部门陆续出台了一系列动力电池回收政策，强化动力电池回收的规范标准，动力电池回收利用管理迈入落地实施阶段。

2018 年 2 月，工信部等五部委联合发布了《新能源汽车动力蓄电池回收利用管理暂行办法》；同年 7 月，工业和信息化部制定了《新能源汽车动力蓄电池回收利用溯源管理暂行规定》，确立了生产者责任延伸制度，明确了汽车生产企业作为动力蓄电池回收的主体责任；计划建立“新能源汽车国家监测与动力蓄电池回收利用溯源综合管理平台”，对动力蓄电池生产、销售、使用、报废、回收、利用等全过程进行信息采集，以实现动力蓄电池来源可查、去向可追、节点可控、责任可究，对各环节主体履行回收利用责任情况实施监测。

一些地方也在积极行动，深圳市 2018 年 4 月在《深圳市开展国家新能源汽车动力电池监管回收利用体系建设试点工作方案（2018—2020 年）》中提出，对按要求计提动力蓄电池回收处理资金的，按经审计确定的金额50%对企业给予补贴，补贴资金专项用于动力蓄电池回收，借此促进动力电池监管回收体系的建立与运行。

在逆向物流方面，我国于 2018 年 5 月正式实施了首个逆向物流国家标准《非危液态化工产品逆向物流通用服务规范》；同年，逆向物流标准化工作组在上海成立，推进了逆向物流标准的制定和修订。

5. 动力电池回收需多方联合

《新能源汽车动力蓄电池回收利用管理暂行办法》明确指出，汽车生产企业作为动力蓄电池回收的主体，负责回收新能源汽车使用及报废后产生的废旧动力蓄电池。工信部发布的《新能源汽车动力蓄电池回收利用调研报告》显示，目前北汽新能源、广汽三菱等 45 家企业已设立 3204 个回收服务网点，主要集中在京津冀、长三角、珠三角等新能源汽车保有量较高的地区，主要以 4S 店的形式存在。

以车企为主导的动力电池回收链条，主要由汽车生产企业利用其销售渠道构建相应的回收体系，回收的电池转移至相关企业做梯次利用或拆解。

由于单个车企的回收量有限，加上点位分散、技术要求高等因素，如果只回收自家动力电池，成本很高，落地实施并不现实。因此，联合产业链上相关企业共同推动动力电池的回收利用，共享回收渠道资源，减少重复建设，降低回收成本逐渐成为行业的主流趋势。

联合产业链相关企业，以第三方为主体，由梯次、再生利用企业与汽车、电池生产企业合作，共建共用回收服务网点，集中回收合作企业的报废动力电池。欧美国家正是通过行业协会或行业联盟来构建动力电池的回收渠道。

无论是哪种模式，动力电池的逆向回收过程大致可以划分为回收集中、检测分类、处理利用等环节，其中检测分类决定了动力电池回收的后续流向。满足梯次利用要求的送至通信基站、电力企业、低速车企（如快递三轮车）等接收点加以二次使用；无法满足梯次利用的则送至电池企业进行拆解，实现材料回收与再生利用。

6. 创新模式，把握机遇

知易行难，动力电池逆向回收，难点主要在于回收点位分散、回收计划性差且回收量波动大，加上动力电池属于危险品，储运要求高于普通货物。要做好动力电池的逆向回收物流，仍有不少难题需要克服，目前市场上主营逆向物流服务的企业很少见。对于动力电池逆向物流，需要做好以下几点。

第一，国家政策层面，应鼓励、扶持物流服务商参与动力电池逆向回收体系建设，引导物流服务商加入。同时可借鉴欧美发达国家的经验，通过“押金制度”推动消费者主动上交需回收的动力电池。

第二，将检测分类前置，减少转运次数。在成本承受范围内，车企或第三方回收企业可以在终端回收网点配置相应的检测工具或设备；提前对电池的外形、温度、电压、余能等进行检测，以便对回收的电池进行分类，并直接运送至相应二次使用方或再生利用方，减少集中检测这一环节的转运。

第三，约定定时（定量）回收机制，借鉴循环取货技术（Milk-run），有效降低物流成本。逆向物流对速度、时效的要求通常会低于正向物流，因此可以与相关企业及网点约定回收机制，如定时回收或者定量回收，约定达到某个条件时，回收订单。同时，借鉴 Milk-run 技术，安排好取货线路，通过集约化有效降低物流成本。

第四，重视信息系统的建设应用，对接国家动力蓄电池回收利用溯源综合管理平台。逆向物流需强有力的信息系统支持，这既是实现定时（定量）回收机制的基础，也是做好取货线路规划的工具。

第五，合并同类项，提高车辆利用率或装载率。研究4S店的正逆向物流，寻找可以合并的产品或线路，提高车辆利用率或装载率。例如，向4S店配送电池、润滑油等产品的车辆或者回收废旧轮胎、废液、废油的车辆是否可以用于装载回收的动力电池。

第六，要高度重视安全问题。动力电池属于第九类危险品，安全是基本准则；无论是运输还是存储，都应做好遮阳、温控、防火、防水、防爆、绝缘、隔热、防撒漏、防腐蚀等安全措施。

下 篇

供应链重构及案例

第四章　新物流、新物链

一、新零售下的供应链

1. 新零售的特征

虽然大家对于“新零售”的理解不尽相同，但经过实践与讨论，大家对“新零售”的核心内容和特征有比较一致的看法。

两个核心：以消费体验为中心、以数字化为驱动力

宝供物流集团董事长刘武在一次访谈中提道：“在新零售时代，消费已经发生了改变，在未来场景里，在拉动流通、生产方面，消费者将扮演重要的角色，所有的商业活动都会围绕消费者的喜好、需求来运行。”以消费者为中心将重塑零售业格局，并推动零售业态模式、物流供应链等走向更高效的形态。

无论是电子商务、O2O，还是无人店、自助售卖机，背后的核心要素都是不同环节的数字化，通过商品信息、选择购买信息、支付信息、仓配信息、评价反馈信息等数据的串联与分析，重塑产业价值链，实现从 B2C 到 C2M 的转型。在这一过程中，传统的供应链顺序将由内至外地被颠覆，企业的研发、生产、营销、物流等活动都将以消费者数据为驱动力和决策依据。这要求企业对全价值链进行数字化改造，包括对大数据、新技术、新平台、新金融和新制造等全面升级，重塑供应链各环节，实现供应链升级。

在零售业态革新、线上线下结合的背后，是消费及零售行业商业模式的再造、物流与供应链运营的革命，而这一切都离不开以消费者为中心和以数据化为驱动力这两个核心理念。

三个重构：消费关系重构、供应链管理重构、销售场景重构

消费关系重构即“人”的重构，是商家与消费者关系的重构。在新零售时代，无论是线上还是线下，每一个消费者都变成可识别、可触达、可洞察、可服务的点，企业与消费者之间将发生“化学反应”。企业通过各类技术或设备收集顾客的支付偏好、消费路径、消费习惯、会员信息、储值信息等数据，并加以整合分析，并据此为消费者提供更有效、体验更好的服务或产品。

供应链管理重构即“货”的重构，主要是流通领域的重构。在数据化基础上，企业可以有效地集成和协同供应链上的各个环节或节点，通过销售预测、智能云仓等提前调配好商品种类及数量，再通过仓配一体化的高效协同用最短的时间将商品送达消费者手中，实现服务高水准的同时使整体成本最小化。

销售场景重构即“场”的重构，是销售终端通路的重构。与传统销售渠道不同，新零售的销售场景更综合化或者近场化。综合化是指在互动、体验为主诉求的同时，将娱乐、艺术、人文、生活服务等多元素集成一体，形成新的生活商业综合体；近场化是指与消费者的距离更近，如办公室无人货架、车载零食货架，使销售点与消费者的距离缩小到 10 米甚至 1 米之内，从而让消费者能更快地获取所需的商品。

2. 对新供应链的理解

随着现代物流的深入发展，物流业逐渐向供应链形态发展，宝供物流集团董事长刘武认为：物流行业的整体利润日趋摊薄，供应链已成为制造业、流通业持续发展的关卡，企业愿意寻找第三方物流供应链企业为其提供整体解决方案，推动物流往供应链方向发展。

在与企业接触过程中，笔者发现大家对于新零售供应链的需求主要有以下三点。

一是快速、准确地感知消费者的需求。传统零售业态中，由于层级较多、新技术设备缺失等原因，企业对于消费者最终需求了解较少，呈碎片化且有较强的滞后性。而在新零售业态中，由于各环节多数已实现数据化且实时在线，加上大数据、AI 等新技术的应用，可以帮助企业更快、更准确地掌握消费者的真实需求，并利于指导供应链链条的优化升级。尤其是在“前置仓+即时配送”模式下，对消费者需求的感知与了解显得更为重要。因为前置仓的面积较小，储存商品库存计量单位（SKU）较为有限，如每日优鲜的前置仓平均面积在 150 平方米左右，SKU 数在 1500 个左右。这就要求运营方要善于应用数据分析，预测某个前置仓覆盖范围内的消费者会购买的商品种类及数量，再根据预测提前将商品存入前置仓中，这样才能在降低缺货率的同时减少不必要库存，进而降低库存成本。

二是改造或整合流通渠道。随着零售业态的日益丰富，企业不仅要管理传统的分销渠道体系，还要管理 B2C 电商、B2B 批发分销、O2O、自助售货机、无人店等新兴渠道。多渠道发展策略是为了应对激烈的市场竞争，并满足分散、多样的消费渠道选择偏好，但多渠道也带来了一系列问题，例如，如何保证消费者在不同渠道能获得较为一致的购物消费体验；如何减少不同销售渠道间的利益冲突；如何减少不必要的重复备货直至消灭库存；如何在降低物流总成本的同时使商品更有效地触达终端；如何打造扁平式供应链以更贴近消费者……因此，企业要考虑线上线下全渠道的协同整合，建立渠道协作机制，通过流通渠道的改造或整合来实现企业的经营发展目标。为达到此目的，部分 B2B 零售批发平台或货主企业，已开始采用统仓统配模式来支撑前端的渠道销售，即将货物集中于一个仓库内，区域内各渠道只需负责市场销售开拓工作，后端的仓储与配送由第三方统一管理和履约，这样可以尽可能保证区域内不同渠道订单履约体验的一致性。

三是优化或升级生产方式。消费者的需求越来越个性化、碎片化、多元化，要让消费者获得满足感与更好的体验，企业需要依托数据化，进行销售预测，以销定产，优化产品研发、设计及生产，实现柔性制造，以合理成本实现多品种、小批量生产。“90后”“00后”新兴消费群体中，大众鞋服品类的品牌心智已逐渐弱化，个性化需求更为多样，小众需求更为明显。这要求鞋服企业采用更为柔性的供应链模式，将消费者需求直接反馈至商品企划设计环节，缩短新品开发周期；同时，采购、生产、物流交付等环节要适应小批量、快节奏、高响应的要求。

3. 新零售下供应链的升级突围

越来越多的企业开始思考如何更好地拥抱新零售，而拥抱新零售需要调整或优化自身的供应链。笔者认为，要实现新零售下供应链的升级突围，可从以下三点入手。

（1）供应链的科技化

应用物流自动化及智能化技术来实现物流作业高效率、低成本。根据行业、业务特征恰当地应用射频识别（RFID）系统、货到人分拣系统、拣选机器人、码垛机器人、AGV、无人车等物流技术或设备，实现人机交互协同作业、自动化作业或智能化作业，以应对新零售时代小批量多频次的作业特点，达到提质增效的目的。

（2）供应链的数据化

应用仓储管理系统（WMS）、运输管理系统（TMS）、订单管理系统（OMS）等软件，以及RFID、智能芯片、感应器等硬件，采集并汇总仓储、运输、配送、销售等环节所产生的全部数据，做到实时在线且动态更新；并对这些数据进行处理与分析，挖掘运营特点、规律、风险点等信息，从而科学合理地进行管理决策与资源配置。数据化供应链有助于企业解决行业洞察、数据共享、销售预测、网络规划、库存优化等问题。

（3）供应链的协同化

依托云化信息系统、智能算法，利用历史大数据、销量预测，构建成本、时效、覆盖范围等多维度的运筹模型，协同仓储、运输、配送三环节，优化网络布局；应用多仓融合解决方案，整合全渠道、多品类仓库，科学合理地安排与调配库存，智能预测补货，实现库存协同，加快库存周转，提高现货率，提升整个供应链的效率。

二、新物流的四大驱动元素

近年来，资本的介入加快了市场的重新洗牌，物流生意不再是简单的“人”与“货”交易。随着物流与商流结合，物流与互联网、大数据、区块链等的融合，资金、信息、平台等高度关联，形成更为紧密的物流供应链体系。笔者观察到，物流赛道正被政策、消费、资本、技术四元驱动，实现模式创新与迭代。

1. 政策驱动

近几年，国家陆续出台了 40 多个物流相关政策，几乎每个月都有与物流相关的政策发布，说明国家对物流业的发展给予了高度关注与支持。

这些政策的关键词之一是“创新进阶”，如 2016 年 7 月，国家发展改革委关于印发《“互联网”高效物流实施意见》的通知（发改经贸〔2016〕1647 号）鼓励大数据、云计算在物流领域的应用，建设智能仓储体系，优化物流运作流程，提升物流仓储的自动化、智能化水平和运转效率，降低物流成本。2017 年 10 月国务院办公厅印发的《关于积极推进供应链创新与应用的指导意见》（国办发〔2017〕84 号），更是指出要着力构建符合我国国情的供应链发展新技术、新模式，到 2020 年基本形成我国重点产业智慧供应链体系，培育 100 家左右全球供应链领先企业，重点产业的供应链竞争力进入世界前列，成为全球供应链创新和应用的重要中心。这充分说明了供应链的重要性，未来国与国之间的竞争不仅是军事力量、经济体量间的竞争，更是国家供应链强度与韧度间的较量。

另一个关键词则是“绿色”。2018 年 2 月国家质检总局、国家标准委发布新修订的《快递封装用品》系列国家标准，根据减量化、绿色化、可循环的要求，对快递包装减量提出新要求，倡导积极应用低污染、低消耗、低排放，高效能、高效率、高效益的绿色环保封装用品。菜鸟网络已牵头启动了绿色物流 2020 计划，目标之一是到 2020 年天猫直送全部把快递袋升级为环保袋。2018 年 10 月国务院办公厅印发《推进运输结构调整三年行动计划（2018—2020 年）》（国办发〔2018〕91 号），要求以推进大宗货物运输“公转铁、公转水”为主攻方向，不断完善综合运输网络，减少公路运输量，增加铁路运输量，有力支撑打赢蓝天保卫战、打好污染防治攻坚战。

研究显示，一辆国三柴油货车的污染物排放量相当于 200 多辆国四小轿车排放总量。为控制柴油货车所产生的污染，当出现重污染天气时，城市管理者便可以对中型、重型载货汽车采取限行措施；2019 年 1 月，生态环境部联合多部委联合发布《柴油货车污染治理攻坚战行动计划》，要求多数地区于 2019 年 7 月 1 日前实施柴油货车国六排放标准；第二批城市绿色货运示范工程创建城市亦已公布，越来越多的城市及企业将加入新能源物流车的推广应用行列。

2. 消费驱动

近年来，O2O、团购、生鲜电商、无人店、社区拼购等新零售模式层出不穷。在零售业态的革新、线上线下结合的背后，是消费及商业零售模式的再造、物流与供应链运营的革命。物流供应链，已从到厂、到商，发展至到店、到家，离消费者越来越近，交付完成的速度越来越快。华兴资本的张慧先生曾提到，因为消费场景在变化，所以供应链一定不是某一段的物流，而是全链条的物流服务。采购和生产物流也要接触销售物流，对于新物流、新零售，“人、货、场”已发生根本性变化。由于消费段的驱动，人才结构及客户人群已发生变化，货物的周期性业已改变，进而催生出新业态和新模式。

随着消费升级的到来，人们对品质的需求越来越高，对高品质生鲜蔬果的需求越来越旺盛，消费需求端的强大吸引力推动了冷链物流、前置仓、即时配送等细分领域的快速发展。例如，由叮咚小区转型而来的叮咚买菜，采用前置仓模式为消费者提供便捷、新鲜的生鲜配送到家服务。叮咚买菜的前置仓覆盖周边一公里内社区，并自建配送团队。商品先在中心仓统一加工后，根据平台系统数据及预测，将相应的商品运至不同的前置仓，待消费者下单后30分钟内配送到家，采用“0配送费+0起送”的促销政策，激发消费者的消费欲望。为了保证每个前置仓的配送时效，叮咚买菜在单仓日订单超过1500单时，便会裂变为两个仓。目前前置仓的主战场是一线城市和部分发达二线城市，主要服务对象是生活节奏较快且对便利性要求较高的都市白领。即时配送在2015年之前，订单量年增长仅为20%左右，随着消费者消费习惯的养成，以及三大平台的资本投入，即时配送的商品范围由外卖扩展到药品、鲜花、蛋糕等多种品类，订单量快速增长，市场进入提速发展期。

3. 资本驱动

据罗戈网数据，2018年物流行业平均每2.4天就有一起融资事件发生；全年融资事件总计约150起，公开融资金额累计约862亿元。另外，亿元融资大规模出现，共59笔，其中不少以10亿元起跳，京东物流、满帮甚至首轮就拿到了百亿元融资。

2019年第一季度，资本热度依然不减，1—3月物流领域共发生投融资事件16起，融资总金额约136.6亿元。在第一季度的投融资事件中，单笔融资超过10亿元的不在少数。阿里巴巴大手笔入股申通快递，进一步提升了其对快递端的把控能力；除此之外，货拉拉、壹米滴答、卡行天下等平台型企业也获得了15亿元以上的投资。

从众多投融资事件中，可以看到产业资本对物流科技的热衷，一方面，众多科技型企业得到资金的注入，如木蚁机器人、运去哪、货拉拉等；另一方面，领先的物流企业获得大额融资，资金主要用于系统或技术方面的升级迭代，如诺力股份收购中鼎集成后，表示将加大智能物流前沿技术的研发投入。

同时，资本的到来让物流行业开启“抢人”大战，物流企业纷纷宣布相应的人才战略，如壹米滴答表示将进一步加大在组织人才建设方面的投入，外部引进、内部培养，两手抓。满帮集团获得融资后更是表示，核心人才战略是其主要任务，将用80亿元来挖掘、培养人才，必要的时候会使用并购方式完成人才战略。京东物流宣布将投入10亿元作为2019年人才激励奖金池，用于培养内部员工与招募外部人才，通过激发人才的绩效与效能，帮助京东物流实现转型变革。

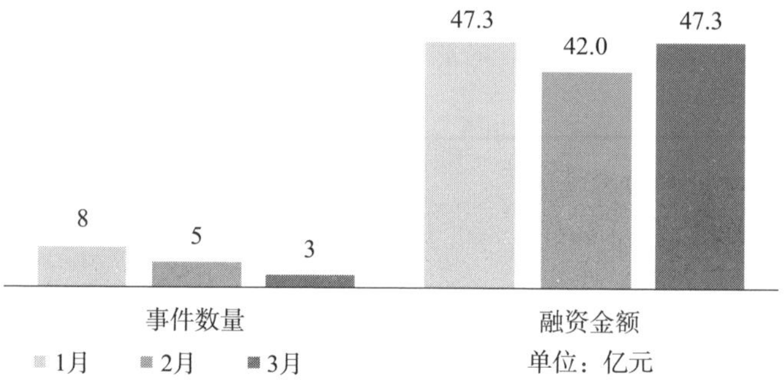

图4-1　2019年第一季度物流与供应链领域投融资情况

资料来源：IT桔子。

资本对行业的驱动作用还体现在物流网络建设方面，不少物流企业将所获资金用于加快、加大国内外物流网络的建设。物流服务作为无形产品，主要以仓储、分拨中心、配送站点等线下节点组成的实体网络为载体，对于物流网络不能覆盖的区域，物流企业很难为该区域消费者提供优质的物流服务。因此，壹米滴答表示将进一步推进全国网络建设，打造高效、高品质的运营体系，并深化末端服务能力建设；运去哪则宣布将其获得的融资用于升级海外网络。

近几年资本进入物流领域的动作与步伐明显加大、加快，说明资本对物流领域的热情逐渐高涨，物流业为资本提供了更大的空间。与此同时，资本追求快速获利的本性，将逼迫物流行业加快迭代更替的步伐，资本由内而外地推动物流行业走向新周期。

4. 技术驱动

To B 端的产业互联网仍是方兴未艾，物流服务作为产业互联网的四大赛道之一，正在互联网化。有人认为，“新物流”本质是基于原有要素的不断升级和充分重构，前提是供应链的数字化，基础是流通设施及物流网络建设的日益完善，支撑是物联网、云计算、移动支付等新技术的发展应用，关键是网络伙伴之间的共享与协同。

钟鼎资本董事、总经理汤涛认为，物流业已进入发展的第三阶段，以科技应用为主要特征。信息系统云化，各类算法在不同物流场景中加速应用，软硬件的应用磨合将围绕节省人工、提升资产利用效率与决策效率等方面，帮助物流企业更好地实现降本增效，未来产业互联网、技术、数据的综合应用很可能催生新的“独角兽”企业。

当前物流服务发展的核心在于通过物联网、大数据等技术应用实现物流前端赋能按需调配资源、中端赋能仓内分拣效率、后端赋能智慧运输派送，以数据打通解决传统快递业信息滞后、流量管控混乱、人工低效等行业症结，重塑整个物流网络模型。

“新物流”的逻辑架构可以简化为技术（Technology）—决策（Decision）—应用（Application）三层架构；物联网、云计算、区块链等新技术的应用是新物流的支撑。物流新技术正逐渐融入物流运作各个环节，或改变操作模式，或提升运作效率，或降低整体成本，从不同维度、不同层面给物流行业注入新活力。物流行业正从劳动密集型向技术密集型转变，在技术应用方面的布局，是龙头企业形成竞争壁垒的重要手段，也是龙头企业必须坚持的战略之一。

我们有理由相信，在政策、消费、资本、技术四元素的驱动下，中国物流行业将在 3~5 年内发生巨大变化

三、“物联网+5G+人工智能”

2019 年，李克强在政府工作报告中正式提出，通过“智能+”战略推动传统产业的转型升级，促进新兴产业加快发展，深化大数据、人工智能等研发应用，壮大数字经济，打造工业互联网平台，拓展“智能+”应用，为产业转型升级赋能。

随着技术的发展，物联网不再局限于人与小型设备间的交互联系，已应用到更多行业运作场景。在 5G 技术规模化商用的加持下，工业物联网将在物流行业中实现设施设备之间、机器人之间的大规模、高精度的交互协作，且少需要人工干预，从而减少对人的依赖，行业逐渐从劳动密集型向技术密集型转变，进而实现物流业的提质增效。不过数据显示，2019 年上半年，我国社会物流总费用与国内生产总值（GDP）的比率为 14.6%，比上年同期提高了 0.1 个百分点，不降反升。说明物流业降本增效的压力仍较大，离开科学新技术的应用，我国物流行业成本效率的优化无从谈起。

2019 年 7 月，交通运输部印发的《数字交通发展规划纲要》通知，针对性地提到，要抓住新一轮科技革命和产业变革的机遇，促进先进信息技术与交通运输深度融合，以“数据链”为主线，构建数字化的采集体系、网络化的传输体系和智能化的应用体系，加快交通运输信息化向数字化、

网络化、智能化发展。具体目标是争取到2025年，完成交通运输基础设施和运载装备全要素、全周期的数字化升级，基本形成数字化采集体系和网络化传输体系。到2035年，基本形成交通基础设施全要素、全周期数字化，形成天地一体的交通控制网，数字交通产业整体竞争能力全球领先。未来将围绕采集体系、传输体系、应用体系，综合应用物联网、5G、北斗导航、大数据、云计算、边缘计算、人工智能等新技术，推动模式、业态、产品、服务的联动创新，提升物流服务效率与品质。

1. 以全要素数字化搭建采集体系

“新技术、新产业、新业态、新模式”四新经济浪潮正席卷神州大地，“新物流”时代的脚步声越来越近。菜鸟总裁万霖表示，新物流包含了物流全要素、全流程、全场景的重构，数字化是这个重构的基础；要实现物流的数字化，物联网技术成为必选项。通过北斗定位系统、RFID、体积识别、红外感应器、手持终端（PDA）、气体感应器等信息传感设备，物联网可以将货架、叉车、托盘、货车、物流园区、运作人员、销售点等要素进行编码，使其成为信息系统可以识别、读写“物体”，进而实现与系统的交互及与其他器物的“交流”。同时，在数字化基础上实现载运工具、作业装备的智能化，以实现对物流全流程、全要素、全周期的智能化识别、定位、跟踪、监控或管理。

物联网技术对物流行业效率优化的促进作用，业内早有共识。2018年12月，菜鸟网络在北京设立技术中心，研究用物联网技术连接物流全要素，推动物流数字化升级，带动更多新技术在物流行业的应用，让物流网络变得更加高效、智能。2019年5月，菜鸟网络公开发布物流IoT开放平台，向全行业生态伙伴开放，欢迎仓、运、配等不同物流场景及相应物流设备的接入，帮助从业者降低物联网的应用成本，帮助行业提升数字化和智能化水平。

菜鸟网络之所以推行物流IoT开放平台，希望更多伙伴接入该系统，主要原因之一是目前我国物联网技术标准仍未统一，各厂商的系统自成一体，导致不同厂商间的通信壁垒，无法互联互通。这严重阻碍了物联网的快速发展，不利于物流行业的数字化升级。电脑时代的 CPU 标准，前后花了 5 年时间才得以统一，其间的浪费与损失难以估计。鉴于此，《数字交通发展规划纲要》专门提及共建共享、融合发展，要求按照交通运输信息化标准体系，持续完善相关标准，构建跨界融合、共创共享的数字交通产业生态。

2. 以 5G 技术完善传输体系

物联网技术广泛应用之后，上百亿个传感器每时每刻发出与接收海量的数据信息，以往的通信技术显然已无法承载这个量级的数据交互传输。5G 通信技术正好解决了这个需求，5G 应用毫米波、波束成形、大规模天线等技术，效能比前几代通信技术有了质的提升；凭借其高带宽、低延时、大连接优势，可以更好地满足各类物联网设备连接交互的需要。因此，《数字交通发展规划纲要》指出要推进 5G 技术的部署应用，为交通出行提供广覆盖、低时延、高可靠、大带宽的网络通信服务。

2019 年 6 月，工信部发放了四张 5G 商用牌照，标志 5G 进入商用元年，从公布的 2019 年预算来看，中国三大电信运营商在 5G 领域计划投入合计约 300 亿元左右。在此之前，全球已有 93 个国家陆续进行了 5G 技术及网络的测试或部署；截至 2019 年上半年，华为已经手握 50 份 5G 商用合同，向海外市场发送了 15 万套基站设备，预计海外发货量很快将增至 50 万套。随着 5G 技术开始快速部署、规模应用，通信传输体也将得到大幅改善，进而催生人、设备、车及货物等万物互联。GSMA 和中国信通院预测，待 5G 技术成熟及规模化应用之后，物和物的连接数占市场总连接数的比例将达到 80%。

针对海量数据传输中的网络和数据安全问题，《数字交通发展规划纲要》进一步要求加强网络安全与信息系统同步建设，提高交通运输关键信息基础设施和重要信息系统的网络安全防护能力。如果不能确保供应链数据的安全，危害的将不仅仅是某一家企业，而是整个供应链上下游。供应链中断及由此造成的损失，我们绝不能掉以轻心。

3. 以人工智能扩展应用体系

待物联网、5G 得到广泛应用，数据计量单位将变为 PB①，我们不仅可获得海量的物流数据，而且可获取结构化、半结构化甚至是无结构化数据。人工计算不可能，普通统计软件也难以完成，此时人工智能技术优势便凸显出来。其强大的算法不仅使大数据处理变得轻松，还可从数据中挖掘更多、更大价值。人工智能、物联网、5G 的相互结合与综合应用，将彻底颠覆传统物流的运作与管理，推动智慧物流的落地与发展。近两年，菜鸟网络与京东物流竞相建立以大数据为基础的分布式仓配体系，背后的逻辑就是通过对大数据、信息的运营，反哺仓储和配送。

作为新一轮产业变革的核心驱动力，人工智能将进一步释放科技革命和产业变革积蓄的巨大能量，通过重构采购、生产、仓储、运输、配送等供应链各个环节，形成从宏观到微观的智能化变革，催生物流供应链新业态、新模式。在人工智能技术的赋能下，无人仓、无人机、无人车、预测预警等各类应用将进一步提升整个行业的效能，推动中国物流业的“跨越式”发展。《数字交通发展规划纲要》提到要大力发展“互联网+”物流新模式、新业态，加快实现物流活动全过程的数字化，推进铁路、公路、水路等货运单证电子化和共享互认，提供全程可监测、可追溯的“一站式”物流服务。

以智能感知、自主决策、图像视频处理、自然语言处理、数据挖掘分析为代表的人工智能技术，将极大地降低物流企业的运营成本与人工劳动强度，提升物流服务效率与服务质量，实现企业管理的转型升级。分布于

① PB 是数字容量单位，1PB = 1024TB，1TB = 1024GB。

各类物流园、仓库、车辆里的摄像头为我们捕捉了大量视频资料，对于这些信息，以前仅仅用于监控或回放，未有深入挖掘；而应用人工智能、云计算技术之后，不仅可以降低视频监控成本，还能进行计算、分析或预警，实现智能化物流管理，为物流运输保驾护航。英国在线超市奥卡多应用物联网、人工智能等技术，开发部署了一个自动化仓库，库内使用了一种名为“蜂巢网格机器”的机器人，在一周内便完成了6.5万个订单包裹的分拣和350万个杂货的更换，大大缩减了订单的履约交付时间。

4. 小结

电子商务与新零售的不断发展，从根本上改变了第三方物流。货主企业要求第三方物流企业提供全方位零售供应链服务，包含订单管理和履行（拣货、包装、运输）、逆向物流（退货）、产品包装（组装和配套）、信息技术（IT）服务等；同时，提出了更高的绩效标准与要求，如实现更高的订单量和吞吐量、确保准时交货、维持99.8%的订单准确性等关键绩效指标（KPI）。为了吸引保护与货主企业的长期合同，第三方物流企业必须快速适应并变得更加自动化。

同时，低空仓率与持续走高的仓租，迫使第三方物流企业努力寻找能充分利用现有设施资源的技术和方法。这个时候，自动化技术与应用自然进入第三方物流企业的视线，它们希望借助自动化技术来优化现有的仓储设施设备，抵消人工成本上涨的挑战，提升履约能力。这要求物流企业转变传统模式，在更大范围内应用自动化、智能化技术，以应对诸多外部挑战。

我们可以想象未来全新物流供应链的场景，在交付方面，消费者能够实时看到或跟踪商品生产、仓储、运输、配送的全流程；在仓库机器人或无人运载工具之间，系统可以实时互动交流；同时，大数据可以通过配送路径优化、装载空间优化、油耗监控管理、运力智能调度等方式或路径，降低整个供应链的成本，并优化供应链效率。借助技术赋能与网状结构，信息不再需要流经中心控制塔，而在传感器间互动，便捷地实现连通与协同，逐步构建起互联互动的供应链 4.0，逐步从智能化链条演变为智能化生态圈。

物联网、5G、人工智能技术正持续改变传统的交互方式，冰冷的交付方式正在发生改变，物流业将迎来“物联网+5G+人工智能”新模式；智慧物流由物流平台向物流生态进一步演进，物流生态体系的全产业链条将被打通，进而实现由交付到增值的物流新模式。

四、电商化、一站式物流采购

随着 C 端获客成本的不断上涨，C 端的电子商务业务增速放缓，面向 C 端的物流服务面临发展瓶颈。而 To B 端的企业服务，却显现一些乐观的变化。2018 年以来，国内互联网巨头百度、阿里巴巴、腾讯、京东（BATJ）纷纷调整组织架构，完成面向 To B 端的组织架构调整与升级，为产业互联网浪潮的到来做准备。To B 端的企业服务将是 BATJ 未来的发力重点，物流服务位列其中，阿里巴巴、京东不必多说，百度投资了 oTMS、蓝犀牛、罗计物流等，腾讯投资了华南城、人人快递、货车帮等。

与此同时，随着产业互联网时代的到来，社会正逐渐从人人相连向物物相连迈进，物流服务行业正在互联网化，原本分离的线下资源逐渐转移到线上，降低了原来的距离障碍与信息不对称，提升了用户体验。在物流互联网化过程中，物流服务采购将向电商化、一站式方向发展。

1. 物流服务企业电商化采购趋势凸显

近年来，国家鼓励公共资源采购向电商化转型，京东、苏宁、阿里巴巴等电商巨头纷纷推出自己的企业购平台，抢食企业级市场。

赛迪研究院发布的《中国企业电商化采购发展报告（2018）》显示，2018 年我国企业电商化采购市场规模约为 3600 亿元，同比增长高达 80%（见图 4-2），远高于传统 B2B 交易 20%左右的增长率；预计企业电商化采购交易规模还将进一步扩大，到“十三五”期末有望超过万亿元。

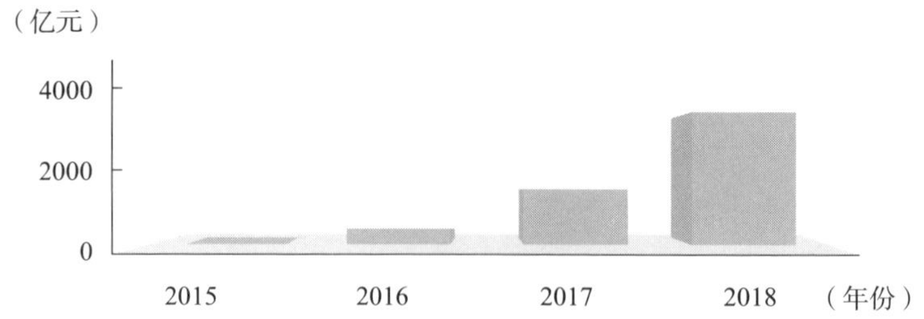

图 4-2　2015—2018 年我国企业电商化采购交易规模走势

数据显示，企业电商化采购可以帮助企业降低 15%～20%的综合采购成本，提高采购业务效率 60%以上。在经济下行压力下，各行各业均在努力降本增效，企业电商化采购得到了越来越多企业的关注与应用。

目前，企业电商化采购正“由标准化采购向非标物资采购扩展”和“由以商品为主向企业服务扩展”两个主要方向发展，物流服务作为一项非标准化企业服务，正逐渐被企业电商化采购这个趋势所覆盖。可以看到，交通物流行业是近年来信息化水平提升较快、电商化采购推行力度较大的行业领域。数据显示，在企业通用型产品和服务采购中，交通物流行业 2018 年企业电商化采购交易额增长了 208%。近年来，除货车帮、运满满之外，还出现了桔瓣科技、运易通、运去哪、小斑马货栈、奥玛物流仓储联盟、水陆联运等众多物流服务电商交易平台。

2. 物流服务的一站式采购备受青睐

2018 年以来，齐心集团由传统办公文具用品提供商逐步转型为“产品+科技+服务”企业服务一站式平台，四维图新推出包含“数据+可视化+分析研判”一站式位置大数据服务平台，新大陆依托 POS 机打造以“SAAS 服务+金融”为核心的一站式商户服务平台，小米科技通过“芯片+平台+应用”的生态能力打造一站式交付服务平台……这些案例无不说明一站式采购渐渐得到企业的青睐。

物流供应链服务具有种类众多、采购分散、价格不透明、管理成本高等特点，对于中小型货主企业来说一直是一个难题。在经济下行压力下，企业对物流供应链服务的效率与成本提出了更多、更高要求。当企业需求多样化的物流服务时，一站式物流采购平台的效率优势就会显现出来。

因此，越来越多的中小型货主企业希望有一家可以开展丰富服务项、具有价格优势、提供全方位服务内容的物流资源平台，运用其拥有的解决方案、运输资源、仓储资源、供应链金融、物流设施设备、物流软件系统等多品类资源，帮助货主企业实现便捷、安全、透明、性价比高的一站式采购与管理。

现在，我们看到市场上已有“运链”平台提供从海运集装箱至空运、铁路、散货、拖车等多种服务，致力于打造全方位的国际物流平台；“一站商城”从干线运输线路切入，并计划向仓储管理，铁路、水路运输，解决方案，供应链金融等领域延伸，打造一站式供应链采购与服务商城。另外，我们可以“运去哪”平台为例来说明物流服务领域的一站式采购趋势。“运去哪”平台创立于 2015 年，其发展定位是成为国内领先的一站式国际物流在线服务平台。目前为商家客户提供包括海运整箱、海运拼箱、空运、拖车、报关、仓库内装、货运保险等国际物流综合服务，目标是希望通过互联网、数字化技术，打造可视、便捷、高效的跨境供应链物流。自 2015 年上线以来，“运去哪”平台已累计服务超过 1 万家企业，注册用户超过 6 万人，平台各航线总数超过 15 万条，每年的承运量有望达到 30 万以上标准箱。2014—2019 年，“运去哪”平台已累计完成六轮融资，融资总额超过 6 亿元，其中不乏红杉资本、招商局创投、DCM、源码资本等知名投资机构。客户与资本方的双重认可是物流服务领域一站式电商化采购趋势的最好佐证。

3. 一站式电商化采购的积极意义

一是便利：电商化有利于突破时间与空间上的限制，方便货主企业跨地域全天候开展物流服务的采购工作。一站式将众多不同供应商集中展示，方便货主企业在短时间内找到更多的供应源并进行比较。

二是透明：一站式电商化要求物流供应商按一定的格式上传、展示其基础信息、服务内容、价格等信息，同时货主企业能看到其他企业的评价，信息透明度有较大的提升。如此，便于与货主企业内部采购系统或流程进行对接，需求传导快且准，从而可减少供需错配的情况。

三是经济：电商化采购可以帮助货主企业减少差旅、交通、沟通等显性及隐性成本，一站式采购便于货主企业进行多源比价，从众多物流供应商中挑选成本低的供应源。至此，依托一站式采购电商平台，货主企业可以轻松地在线上平台完成寻源比价、采购结算、运作管理、评价反馈等物流供应链服务的采购与管理工作，满足其电商化采购、一站式采购的需求，实现降本增效。

第五章　供应链重构难点

一、“无人化”并非首选

在物流业这一轮发展周期，物流科技化、新科技大规模应用是一个很重要的特征。亿欧发布的《2018年中国物流科技发展研究报告》指出，仅从技术角度评估，物联网、大数据、机器人、自动化、无人机、新能源汽车、货物识别等物流相关技术有望在3~5年实现大规模商业化。我们相信，待物流新技术瓜熟蒂落之时，必将掀开物流业新篇章。

不过，我们也注意不少物流企业把以无人仓、无人机、无人车等“无人化”作为智慧物流的表征，甚至有些人觉得不写上“智慧物流”“无人化”等都不好意思谈新物流。

其实完全没有必要，因为“无人化”物流很难成为所有物流企业的首选模式，况且“无人化”未必是客户最迫切需要的。之所以这样说，有以下几点原因。

1. 前期硬件设备投入大，且多属于沉没成本，缺乏灵活性

对比自动立体化仓储与传统式仓储，自动立体化仓储前期的硬件成本及后期硬件维护费用远高于普通仓库。

如表5-1所示，在同等数量货架下，自动立体化仓储的硬件投资金额是传统仓储的2.6倍，每年硬件维护费用是传统仓储的5倍；硬件设施自购入之日起即须计提折旧，且长时间运转的设备，基本上5年就得更换。

表 5-1 传统与自动立体式仓储的投入对比

	项目	传统式仓储	自动立体化仓储
硬件投资	货架数量	8,190	8,190
	货架单位成本（元）	350	350
	货架投资（万元）	286.65	286.65
	堆垛机数量（台）	0	5
	堆垛机单位成本（万元）	0	280
	堆垛机投资（万元）	0	1400
	其他配套设备投资（万元）	0	1500
	信息系统投资（万元）	150	150
	叉车数量	15	3
	叉车单位成本（万元）	35	35
	叉车投资（万元）	525	105
	硬件总投资（万元）	961.65	3,441.65
运行及维护费用	需要工人（个）	25	6
	单位人力成本（万元/年）	6.5	6.5
	合计人力成本（万元/年）	162.5	39
	硬件年维护费用（万元/年）	20	100

资料来源：海通证券研究所。

从单位人力成本来看，能维护、操作自动化设备的工人，工资水平一般要高于传统仓储工人，因此人力总成本不会降低太多。

另外，硬件设备是启动项目前的一次性投入，属于固定资产，是管理经济学中的沉没成本，即便后期项目运作达不到预期，物流企业也无法调整，这部分投入已失去灵活性。而人力成本则属于变动成本，可以根据业务量的变动来调整。

相比自动立体化仓储，拥有同等数量货架情况下，无人仓占地面积要小一些。不过无人仓需要完全自建，拿地、基建投入都不小，且同样属于沉没成本，缺乏灵活性；而普通仓则可以采用租赁、分期支付等方式，灵活机动且资金压力小。

2. “无人化”只适用于特定场景，To B 物流模式下空间有限

图 5-1　京东、苏宁、饿了么无人机应用场景

从已公开的信息来看，无人机配送更适合港到港模式，收货方需要有统一的接收点。无人机配送需要相对开阔的空间环境，尚不适合城市这种高楼林立的环境。一方面楼宇间的气流较为复杂，通信信号易受干扰或阻挡，不利于无人机安全稳定飞行；另一方面，市区人口密度、车辆密度较大，若出现坠机危害较大。

可以看到京东、苏宁、饿了么等公司的无人机配送航线，要么是在偏远的农村、山区，要么是在楼层低、密度小的工业园区，而非市中心。由于无法实现一点对多点、面对面交付，无人机配送在市中心配送的效率和体验未必能让用户满意。

对于无人配送车是否会取代快递小哥这一问题，京东 X 事业部总裁肖军在 2019 年 8 月召开的世界机器人大会上给出明确回应：无人配送车无法取代人，他进一步表示中国无人配送车 20 年内都无法取代快递小哥。无人配送车在一些复杂路况无法单独完成任务，应用无人配送车的主要目的在于与快递小哥实现协同配合。近距离、简单路况的订单可交由无人配送车去完成，复杂订单则须交由快递小哥配送，从而实现经济与效率上的最优安排。美团的无人配送车曾在深圳联想大厦做过测试，美团外卖骑手先把外卖送到联想大厦外，交由无人配送车负责大厦内部的交付。这种无人配送车可以自动与电梯进行交互，根据订单上的地址进行配送，并自动联系

顾客通知其取货。

另外，TO B 业务的特点是单票重量较大，个性化需求比 C 端客户强，因而标准化程度较低。因此，更多采用托盘和人工分拣的形式，自动化立体仓应用较少，更不用说无人仓。从目前的情况来看，无人仓主要用于类似电商物流小件为主、标准化程度较高的领域。

3. 目前，涉足“无人化”领域者主要为资金充沛的上市企业，但实际落地的仍属少数

目前，涉足“无人化”物流领域的主要有京东物流、苏宁物流、菜鸟网络、顺丰速运等行业龙头知名企业，基本上是上市企业（或称为融资型企业），这些企业资金充沛、融资成本较低。

这些企业发展“无人化”物流，一是因其有雄厚的资金实力，可以支撑前期的巨额投入与试错成本；二是发展“无人化”物流有利于其做进一步资本运作，进而抬高股价或估值；三是可以构筑“护城河”，甩开其他竞争对手。

不过，即便是“无人化”物流领域的标杆企业，拥有 650 个仓库的京东物流，也只有 25 个“亚洲一号”智能物流仓，占比不足 4%；而且 25 个“亚洲一号”并非都是无人仓，更多的是人机协同高度自动化智能仓。顺丰的无人机物流配送应用试点前期在江西省赣州市南康区，之后才慢慢扩展到四川、云南等部分地区。这说明“无人化”物流实际落地的项目仍是少数。

4. “无人化”是手段，而非目的

对于“无人化”，我们务必保持清醒和理智。“无人化”只是一种手段，企业借助新技术、新设备、新方法、新模式来达到降本增效，仅是过程，而非目的。我们不能为了“无人化”而“无人化”。无论是货主企业还是物流企业，终极目的都是构建自身的核心竞争力，并以此获取更多收

入与利润。为达到这一目标，企业可以借用“无人化”物流；但这只是手段之一，企业还有其他同样能达到目的的方法方式。

作为一项新兴技术，“无人化”目前仍有较多问题或难关需要克服，离大规模商业应用还有相当长的一段路要走。瑞士邮政从 2018 年开始使用四旋翼无人机配送货物，有效载荷为 2 千克，单次飞行距离为 10 公里；该业务主要应用于瑞士三个不同城市的医院实验室样本运送，在被叫停之前已累计完成约 3000 次飞行。2019 年 1 月，一架无人机因 GPS 短路问题，坠入苏黎世湖中；在增加 GPS、修正指南针与动力系统后，无人机交付业务得以恢复。但好景不长，2019 年 5 月再次发生坠机事件，坠落地点离一群幼儿园孩子不到 50 米，惊险万分。所幸没有造成人员伤亡，但导致事故的原因不明。两次坠机事件发生之后，瑞士邮政决定暂停无人机配送业务，待问题解决且评估合格后再恢复该项业务。

虽然瑞士邮政无人机坠机只是个例，其他企业的无人机配送业务并未出现类似问题，但这足以说明无人机配送这一新兴物流交付模式，仍有一些基础问题尚未得到完全解决，尤其是人、货、机的安全问题。因此，我们对于“无人化”应抱有一个客观中肯的态度，既不要排斥新技术、新模式，也不要盲目夸大，随波逐流。我们应以发展的观点看待“无人化”，在运营中逐步完善“无人化”物流业务，寻找可与传统业务协同的合适应用场景。

二、多式联运的困境

欧美国家早在 20 世纪 80 年代便开始推广多式联运模式，发展至今已形成较为完善的体系。2010 年之前我国也有部分港口开始开展多式联运业务。

业内将应用两种及以上运输方式，以集装箱装载为主，由多式联运经营人对货运全程负责的模式称为多式联运。结合欧美国家对多式联运的定义，笔者认为多式联运应为货物全程由一种且不变的运载单元装载，在不对货物本身进行倒载的情况下，通过两种或以上运输方式无缝接续的运输模式；同时，按需辅以相关增值服务，以个性化、定制型服务，满足客户提高运输效率、减少货损货差、降低运输成本等需求。

1. 多式联运的发展机会

多式联运不仅能有效减少能耗与环境污染，符合国家防污治理、发展绿色物流的目的；而且有助于实现物流成本与效率的统一，帮助企业降本增效。国家越来越重视多式联运这一运输模式，频频出台相关政策及意见加以支持和推动。

2017 年 1 月，交通运输部等 18 个部门联合发布《关于进一步鼓励开展多式联运工作的通知》，推动了我国多式联运提速发展。

2017 年，铁水、公铁、陆空等多式联运模式均有较快发展，共有 46 个项目入选国家多式联运示范工程，千余家企业参与；2017 年我国多式联运量为 13.68 亿吨，全国规模以上港口完成集装箱铁水联运 380 万国际标准箱单位（TEU），全国铁水联运量同比增长超过 17%。

2018 年 10 月，国务院办公厅印发的《推进运输结构调整三年行动计划（2018—2020 年）》明确提出，通过三年集中攻坚，实现多式联运增长 20%，重点港口铁水联运增长 10%的目标。为了配合行动计划的实施，中铁总计划三年投入上千亿元用于新购置货车与机车；我国自主研发了首款多式联运货车，可一车多用。国务院强调将采取综合举措，打通海路、铁路联运的“最后一公里”，助力集装箱海铁联运。

与发达国家相比，我国多式联运市场仍有较大的发展空间，在国家政策的大力推动下，多式联运开始进入发展提速期。身处此中的物流企业，该如何把握多式联运这个发展机遇呢？通过分析嘉友国际、安通控股、长久物流、上海雅仕 4 家在多式联运领域较有代表性的物流供应链企业，可发现一些值得借鉴参考的做法。

（1）把控核心节点，构建差异化竞争优势

因为嘉友国际主要业务是中蒙跨境多式联运物流，中蒙边境的通商口岸自然成为该业务的核心节点。为了构建在中蒙跨境物流市场中的核心竞争优势，巩固和发展多式联运物流业务，嘉友国际在中蒙边境的甘其毛都和二连浩特口岸建立了保税库和监管场所等核心资产。这些核心资产是整个业务流程不可替代的关键节点，在专业化管理和业务整合能力的配合下，成为嘉友国际在跨境多式联运方面的核心竞争力。

安通控股通过定向增发，募资 34 亿元，主要用于布局多式联运物流基地；同时，投资建设了唐山港京唐港区及泉州港石湖港区两个多式联运物流基地，借助集多功能于一体的多式联运基地，提升服务附加值和客户黏性。

长久物流不甘人后，从已公布的信息来看，2017 年以来，长久物流正在建设或准备建设的核心节点就有沈阳长久产业园、长久滁州汽车供应链物流基地、长久兰州汽车物流多式联运基地等项目。为的就是扩大运用多式联运方式，降低物流成本，提升市场竞争力和盈利能力。

（2）以良好的外部资源整合能力，打造多式联运全链条服务

嘉友国际的跨境多式联运物流业务，只有一小部分代理、口岸、装卸等服务由自己完成，大部分运输服务、境外全程服务均由第三方完成，外包程度高达 80%左右。高比例的外包，让嘉友国际得以借助轻资产模式，避免过度依赖重资产投入，从而将更多资源、精力投放到外部资源整合能力的构建上，并通过外部资源的有机整合，形成多式联运全链条服务。

上海雅仕除在关键物流节点进行投入之外，很注重外部资源的整合。借助信息化力量，有效组合、管理社会要素资源，构筑物流线路网络，从而实现多式联运业务的快捷发展与经济高效。

（3）采购必要的运力资源，加强业务保障能力

长久物流自从决定布局多式联运开始，便着手购入必要的车辆和江船，以应对未来可能出现的运力紧缺、运价上涨形势；2018 年上半年，长

久物流便拥有超过2000辆自有车队运力，加上其他可控社会运力，长久物流多式联运业务有望在竞争中提升市场份额，增强盈利能力。

安通控股也在铁路、水路资源上不断增加投入，以形成运力保障。与2017年相比，2018年其新增的铁路直发线路超448条，新增的海铁线路超470条；船舶总运力增加了47%，航线网络挂靠港口增加至172个。

（4）加强外部合作或兼并，扩展业务版图

长久物流于2018年1月与优特埃国际物流（UTi World wide）开启战略合作，拓展多式联运业务，提升公司的综合实力；同年7月与中甫航运合作，开通常熟—广州陆海联运航线，丰富多式联运业务内容。

嘉友国际则通过收购上海枫悦国际物流有限公司，借助该公司在非洲的客户、业务与运输资源，结合自身优势与经验，迅速打开了中非跨境多式联运市场，扩展了业务版图。

2. 不可忽视的多式联运发展障碍

虽然多式联运与“一带一路”、长江经济带、运输结构调整等宏观政策、国家建设相呼应；能有效减少能耗与环境污染，符合国家防污治理、发展绿色物流的目的；有助于实现物流成本与效率的统一，帮助企业降本增效，具有符合当下需求的时代意义与现实作用。

但是，目前仍然存在限制多式联运发展的不利因素，有些因素甚至在短时期内难以改变。综合说来，主要有以下几点。

（1）品牌制造商对多式联运的需求不强烈

近年来国家相关部门颁布了多项政策，大力推动多式联运发展，如《关于进一步鼓励开展多式联运工作的通知》《2018—2020年货运增量行动方案》《关于印发深入推进长江经济带多式联运发展三年行动计划的通知》等。

企业物流需求相关调研显示，在卡诺分析模型中（见图5-2），多式联运被货主企业视为无差异类需求，即无论是否提供此类服务，货主企业

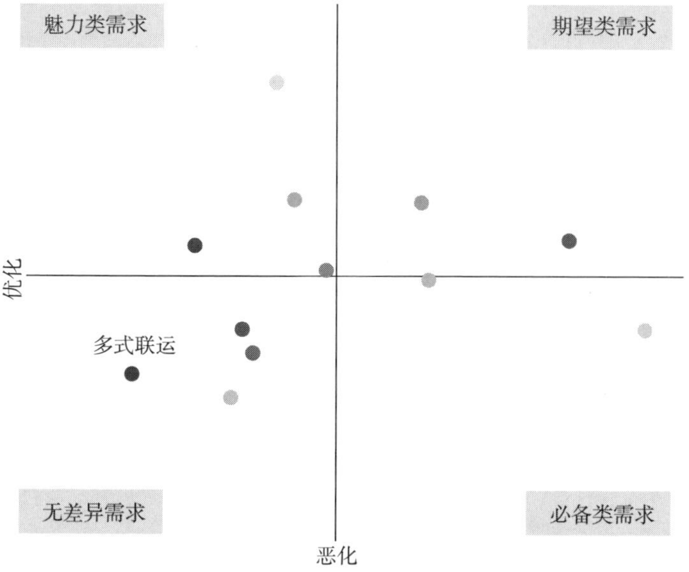

图 5-2 企业物流需求卡诺模型分析

的满意度都不会改变，货主企业根本不在意；货主企业在意的仍是成本控制、效率保障、响应速度、货损水平等因素。

国家的政策鼓励与支持，更多的是影响国有企业的运输操作模式；而大量非国有企业对多式联运并不感冒，这使多式联运缺乏长期的发展动力。一旦国家政策力度减弱，多式联运很有可能陷入低潮。

（2）多式联运更适合于大宗商品运输

目前的多式联运更适合于对成本敏感、长距离运输、大体量运输、时效要求低的商品，因此采用多式联运的主要是大宗商品。天津、河北、山东等地区的港口先后停止使用柴油车运输集疏港煤炭，大宗货物运输的“公转铁”“公转水”是本次运输结构调整的核心。而长江流域的水陆联运业务，运载货品以水泥、石材、地砖、钢丝绳、矿产等重货为主。

（3）铁路运力资源市场化程度低

遵循混改要求，铁道部改制为铁路总公司，铁路领域的市场化、商业

图 5-3　客户需求热词分布

化改革让人心生憧憬。但体制改革非一日之功，目前铁路运力资源的市场化程度仍较低，这严重制约了公铁联运及铁水联运的发展。

（4）多式联运货运量少，量变到质变还需时日

相关数据显示，2017 年我国多式联运量约为 14 亿吨，占全社会货运量的 2.9%。2020 年我国多式联运货运量有望突破 30 亿吨，占全社会货运量也仅为 6%左右，占比仍然较低。

根据美国的经验，发展多式联运的物流企业需要重资产投入，尤其在箱挂、资产追踪系统、运输管理系统等方面的投入。

而货运量小的多式联运难以吸引物流企业、产业资本的投资，这将导致多式联运陷入“货运量小—投资热度低—核心资源不足—发展受限—货运量难以提升”的不良循环，期望量变引起质变，还需时日。

长期以来，我国铁水联运量占港口集装箱吞吐量的比例低于 3%，处于较低发展水平，如图 5-4 所示。比例最高的营口港，2017 年的数值也仅为 12%左右，远低于国外港口水平，如德国的杜伊斯堡港 36%、汉堡港

39%、不莱梅港 47%。

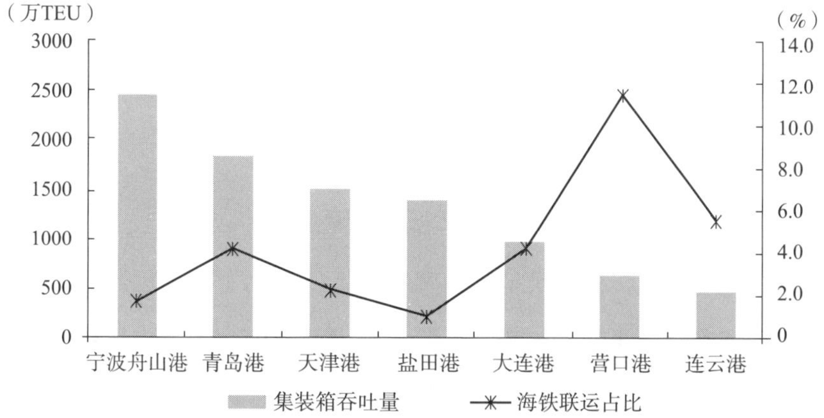

图 5-4　2017 年主要港口集装箱吞吐量和铁水联运量占比情况

资料来源：中交协联运分会。

（5）多式联运基础配套设施设备不足

联运枢纽场站是发展多式联运的基础，是多式联运链条的核心。缺乏符合要求的枢纽场站将导致不同运输方式的转接环节难以顺畅地进行，严重影响运输效率，增大货物残损概率，无法发挥多式联运的优势。

图 5-5　美国芝加哥公铁联运枢纽

目前国内多式联运枢纽场站很少，枢纽场站多数为海铁联运、水陆联运的站点，分布于沿海、长江流域；支持公铁联运的场站更为稀少，目前仅河北有一个亿博基业冀中南智能港，2018 年 3 月开始铁路专用线的试运行。相比之下，美国仅在多式联运中心的芝加哥地区，就有 28 个大型多式联运枢纽场站。

3. 多式联运的发展离不开物流枢纽建设

基础配套设施设备不足是制约多式联运发展的主要因素之一，可以说是关键中的关键。多式联运物流枢纽具备中心与中介两大功能特质，一方面是货物、运力、信息及其他经济要素的聚集中心；另一方面又是不同运输方式的转接、交易介质，是运输通道的主要支点。多式联运的有效落地，要求多种运输方式的顺畅、无缝衔接；如果缺乏相应的场站，如果港口、铁路货运站、机场等相距较远，则无法有效地进行多种运力的整合。货物需多次中转，无法实现无缝衔接，这将大大增加实现多式联运的难度，货物换装成本较高，无法发挥多式联运的优势。

有关部门也看到了这个问题，2018 年 12 月 25 日，国家发展改革委、交通运输部印发了《国家物流枢纽布局和建设规划》（以下简称《规划》）（发改经贸〔2018〕1886 号）。《规划》中多式联运被提及 19 次之多，可见在物流枢纽建设过程中，多式联运将是一个重要方向、重要内容。《规划》明确提出，要“充分发挥国家物流枢纽的资源集聚和区域辐射作用，依托枢纽网络开发常态化、稳定化、品牌化的‘一站式’多式联运服务产品……支持建设多式联运场站和吊装、滚装、平移等快速换装转运设施，加快发展国内国际集装箱公铁联运和海铁联运”。同时，《规划》对多式联运的发展目标设定了明确时间期限，要求 2020 年底前在已运行的国家物流枢纽间初步建立起多式联运体系，而多式联运体系的基本建成、相关服务规范及运行规则的基本形成，则要求在 2025 年底前完成。

在国家发展规划的指引下，各地方政府积极展开行动。河南省宣布加速“两体系一枢纽”建设工作，打通区位优势、交通优势、物流优势、产业优势间的转换链条，努力将河南打造成为多式联运的现代国际物流中心；全国首批16个“多式联运示范工程”之一的腾俊国际陆港公铁物流中心已于近期开通运行，立足昆明、辐射南亚东南亚物流市场，运营初期的货运吞吐量已达1600万吨/年；粤港澳大湾区也不甘人后，肇庆市人民政府与中国铁路广州局于近期签订了水铁多式联运战略合作框架协议，计划投资100亿元建设粤港澳大湾区多式联运现代物流园区，规划铁路货物年吞吐量在1000万吨以上。

多式联运物流枢纽已在多地开花，但要避免为了口号而发展多式联运枢纽，更不应为了政府补贴而盲目上马多式联运项目。在多式联运物流枢纽的规划、建设与运营过程中，首先要重视选址问题，尽量选在铁路、公路、水路运输的交叉点上，同时需与当地的产业结构及布局相适配，努力打造“产、贸、商、通、流”协同链条；其次要重视相关配套问题，配置恰当的仓储分拨、拼箱、吊装等设施设备，以提高运作效率；同时，要做好通道网络衔接工作，建设好相应的疏港铁路、铁路外联公路等集疏运设施，保障多式联运枢纽优势的发挥；最后要注意载具单证的标准统一，推广集装箱、标准托盘、笼车等单元化载具的应用，提升转运装卸的效率并减少货物破损率，推广标准化统一单证，促进不同运输环节信息的顺畅交换与共享，促进多式联运的“一单制”，实现运输全程的可监测、可追溯。

随着我国多式联运基础设施的不断完善、铁路资源的不断市场化，多式联运在运输类型结构中的比例将会得到进一步提升。物流与供应链服务商要分析货主企业的货品属性与特征，挖掘适合于多式联运的商品品类，借助国家政策的东风，顺势而为。

三、物流速度与成本的平衡

按货物的种类及大小，同城配送业务大致可以划分为同城快递与同城货运两大类。同城货运属于专业物流配送服务，相对于干线运输，同城货运主要指同一个城市内的短距离配送，货主通常有“多种产品、单方收货”与“单一产品、多方收货”两种需求。

相关数据显示，我国同城货运市场2017年市场规模已近1.5万亿元，每天的需求量在百万单，预计2020年的市场规模将超过2万亿元，发展迅速。目前大约有超800万辆厢式货车在运转，相关物流企业11万家以上，包含10万家第三方物流公司以及1万家以上专业城配公司。同城货运需求主要来自物流园与快消行业，两者合计占比达80%，余者则来自批发市场与个人消费。

1. 多元渠道多元需求，催生“多元交付”

“多元交付”概括来说就是根据不同渠道的订单与交接要求，按时按质地完成商超百货、经销商、小店、无人售货机等不同终端的商品交付及退换货。

随着销售渠道日益多元化，全渠道已成发展趋势；而不同销售渠道的交付需求有所不同。因此，越来越需要同城货运物流企业具备“多元交付”的能力。具体分析如下：

一是收货终端多元化。既包括区域商超百货、小型连锁超市、“夫妻店”等传统终端，又包括KTV、酒店、餐馆等特殊终端，以及无人店、自助售货机等新兴终端。不同终端的交付要求有所不同，如商超百货的交接等待时间较长，而无人终端则有上架理货的需求。

二是配送方式多类型。既有常温配送，又有低温配送，如生鲜蔬果、低温奶等；还有部分商品需要全程冷链物流，如雪糕、速冻食品。既有日配需求，又有夜配需求。

三是交通情况多种多样。例如，有的小店位于单行道边、封闭小区内，机动车辆无法进入或无法停靠，需要三轮车才能完成配送；有的店在地铁内，需要依靠人工搬运。

四是交付方式复杂。这一点在对小型门店的配送中表现尤为突出，既有先款后货，又有货到付款。货到付款又分欠单不付款、付部分款、批结；收货又分全收、全拒、部分拒收、收货同时又退货等情况。

2. “多元交付”的关键

随着新零售、新渠道的发展，客户对于“最后一公里”同城货运的要求越来越高，这一市场越来越受到资本的青睐。但与干线运输相比，同城货运以少批量多批次为主要特征，对于时效性要求较高，加上标准化难以实现，导致同城货运的单位成本远高于干线运输。因此，实现“多元交付”服务，可以说是一场成本与时间的较量，物流服务商需在成本投入与服务水平间取得平衡。

同城货运企业要构建“多元交付”服务能力并从中获取收益，关键要做好以下四个方面。

（1）构建信息、数据算法能力

调度能力是同城货运企业必须发展的核心能力，涉及派单速度、排车计划、车辆集拼、路径规划等关键工作，调度能力的高低与单车运费利润的大小息息相关。但管理不能建立在个人能力之上，更不能简单地寄托于员工的品德。同城货运企业应构建信息与数据算法能力，以运输管理系统（TMS）来降低对人的依赖，依靠系统来实现调度。系统有路径优化与拼载优化的能力，可以根据订单、天气、道路交通情况、交接时长等约束因素，形成拼载方案，合理安排配送路径，减少在途时间，提升交付效率。

另外，拥有数据算法能力之后，同城货运企业可以与 POS 系统商合作，借助对方沉淀的小型门店销售数据，分析当地小型门店适销的商品品类，做好前置仓及品类备货、规划。

（2）因地制宜，灵活应对

同城货运是“最后一公里”专业物流服务，基因里就具有多样性；每个城市有每个城市的特点，终端进货习惯、道路交通情况、限行政策等均有所不同，无法照搬全收简单地复制另一个城市的做法，需要同城货运企业灵活应对。例如，面对商超、经销商等单次配送量较大的渠道，可以采用“中心仓+厢式货车”方式交付，而对小型门店、无人售货机等小批量多批次渠道，可以采用“前置仓+面包车（三轮车）”方式交付。

广东的1号生活，主要业务为同城B2B商流与物流，收货端主要是连锁便利店与“夫妻店”。实践中，他们发现广州、深圳这类一线城市与二三线城市情况大不相同，因此采用了不同的仓配方案。1号生活在广州、深圳采用前置仓模式，运力以三轮车为主，如在广州设置了40多个前置仓，单仓最高可覆盖150个商户，每个仓的覆盖半径不超过8公里，每天可实现8次配送。而在二三线城市，1号生活则不建前置仓，改为每个城市设立一个中心仓，运力以面包车或小型厢式车为主。

（3）通过整合与合作，降低物流资源的使用成本

作为物流的末端环节，在货量不大的情况下，同城货运企业铺设一个新的城配网络，投入和产出很难成正比，尤其是在三四线城市；况且已有的经销商配送能力并不低，有的甚至可以在业务覆盖范围内，半个小时完成配送交付。

因此，京东在推进B2B业务过程中，逐渐改变物流全部自营模式，转而采用合作建仓模式；在三四线城市与当地的实力经销商合作，整合闲置仓储资源，开展联合仓配业务，覆盖3~5公里半径范围内的零售门店。京东物流向合作方提供云平台、仓储管理系统（WMS）等软件以及库内作业规划，符合条件的经销商可以将其现有的实体仓库、库内设备以及运作团队等仓配资源纳入京东新通路的联合仓和配送网络，品牌商可以将自己的仓配资源接入京东新通路。京东物流通过整合与合作，以较低成本获得了数量众多的城配物流资源，并以系统和数据为核心，输出标准化物流运作，赋能合作方，实现通路效率最大化。

（4）做大订单池，提升订单密度，减少空返

数据显示，同城货运领域有93.5%的订单是空驶返回；而联合仓配的逻辑基础是配送订单的高密度，订单密度较低时，效率提升的空间有限。因此，要在成本与时间的较量中取得胜利，就需要做大订单池，提升同城货运订单的密度，降低空返比例。2019年5月6日，美团点评正式向社会开放其配送平台，希望将美团的配送网络延伸至外卖以外的各行各业，供更多商家使用，如百果园、家乐福、叮当快药、CFB集团、多点等品牌企业；同时，非平台入驻商户、第三方运力公司以及产业链上下游生态伙伴均可接入美团配送平台。美团向合作伙伴开放技术平台、运力网络、产业链等资源或能力，目的就是做大订单池，共享末端配送资源，摊低运力成本，提升配送效率。数据显示，美团配送的日均订单量在1990万单左右，而阿里系配送（包含蜂鸟即配、点我达、淘鲜达等）的日均订单量约1140万单，达达—京东到家的日均订单量约1150万单。从订单量来看，在这场同城即时配送的“三国杀”中，美团配送明显领先阿里系配送和达达—京东到家。

四、供应链中断的风险

供应链的重要性无须再做讨论，尤其是2017年供应链创新与应用上升到国家战略高度之后，有一种说法叫我们将进入“供应链+”时代。但是在兴奋之余，我们不能忽略供应链中断的风险。当下，有哪些可导致供应链中断的因素？结合相关数据与事件，笔者认为需要对贸易摩擦升级、恶劣气候、供应链攻击三类风险给予高度关注。

1. 贸易摩擦升级

对于美国而言，维护全球霸主地位是其根本宗旨。中国的崛起被美国视为威胁，未来中美间的贸易摩擦注定不会少。

依据区位优势，不少跨国公司将劳动密集型生产线转移到越南、印度尼西亚、印度等人力成本更低的国家，随着中美贸易摩擦的升级这一进程有可能会加速。美国加征关税推高了企业的成本，同时加大了在华投资的不确定性及供应链中断的风险。

对于这种可能的“新常态”，我们要尽快适应。从国家层面来讲，根本之道在于提升综合国力，培养民族品牌，加强对核心供应链环节的掌握力，减少对他国的依赖。2017 年 10 月，国务院办公厅印发的《关于积极推进供应链创新与应用的指导意见》就提出，计划到 2020 年，培育 100 家左右的全球供应链领先企业，重点产业的供应链竞争力进入世界前列，成为全球供应链创新与应用的重要中心。在 Gartner 公布的 2019 年度全球供应链 25 强榜单中，中国企业阿里巴巴首次入选。

对于物流供应链企业来说，货在哪里我们就要关注哪里，未来我们要更加重视服务于民族品牌。如果说改革开放的上半场是外资品牌大量进入国内市场，民族企业借助或学习国外品牌企业发展；那么在下半场，一批民族品牌已快速成长起来，华为、小米、大疆、百雀羚、格力、美的等品牌成为耀眼的明星。这些不仅是民族品牌，未来终将成长为国际品牌。根据凯度消费者指数的数据，2018 年民族美妆品牌已占据 56% 的国内市场份额。

物流供应链企业应更多地关注民族品牌企业，与其共同成长，跟随其渠道下沉铺设更广泛的物流网络，覆盖县镇，甚至到村一级；配合其品牌出海计划，开拓国际货运物流市场。同时，与民族品牌企业共同研究新技术，优化物流网络，提升运营效率。

2. 恶劣气候事件

达沃斯世界经济论坛和风险咨询公司达信（Marsh）联合发布的《2019 年全球风险报告》中，归纳出了 2019 年全球十大风险因素。排名前三的风险均来自环境风险，分别是极端气候事件、应对环境变化的妥协和适应措施失效，以及自然灾害。

随着南极和北极冰盖的继续融化，全球各地极端天气事件可能会更多、更严重，科学家呼吁各国政府评估极端天气可能带来的严重后果。国外慈善机构CDP 2019年6月发布了一项调查，调查显示未来5年气候变化可能使全球大型上市公司损失近1万亿美元。

聚焦国内，相较往年，2019年南海季风明显偏早，致使我国东部沿海地区提前进入主汛期；2019年5月30日，长江中游汉口站水位比历史同期均值偏高2米，超过1998年的同期水位，接近1954年水位。

恶劣天气的影响，首先体现在农产品供应上。2019年以来，因降水量偏多，导致美国大豆和美国玉米产区种植进度滞后，种植面积低于预期。供应量的减少将推升农产品价格；成本的上涨将沿着供应链传导至下游产业直至消费终端。国内，恶劣气候导致一些水果大幅减产，在苹果传统产区山东栖霞，2019年受“倒春寒”、冰雹等恶劣天气的影响，苹果减产3成左右。加上库存不足等原因，2019年水果价格居高不下。国家统计局的数据显示，2019年5月，我国鲜果价格同比上涨了26.7%，“水果自由”已成为都市人追求的新目标。

其次反映到物流层面。持续的高温给仓储中心、配送中心等场所作业人员带来不适，影响工作效率，雨雪天气可能导致交通事故频发，洪涝灾害则会引发运输线路的中断，台风会迫使港口、机场等物流枢纽暂停运转。2019年初，维诺妮卡与特雷弗飓风相继袭击了澳大利亚，黑德兰港、丹皮尔港和拉姆贝特角港三大港口被迫停止运作，致使铁矿石出口受到影响，市场供应量减少，每吨铁矿石价格上涨了2.7美元。

为预防恶劣气候可能导致供应链中断，建议物流企业将中国气象局的气象预报数据接入运输管理系统中，及时做好预警预报。据笔者了解，DHL Resilience360团队拟推出天气状态跟踪和警报功能，分析飓风的位移路径，提前预警其对供应链可能产生的影响，以便企业提早做出应对，预防因天气原因导致供应中断。

最后是货主企业要适当提高安全库存的上限阈值，以防突发风险，尤其是在每年6月至10月台风、洪涝高发期。此外货主企业与物流企业应加速绿色行动，在生产、物流、销售等环节，在公转铁、新能源设备、绿色包材、可循环器皿等方面行动起来，节能减排。

3. 供应链攻击

供应链攻击又称为价值链或第三方攻击，攻击者通常利用有权访问企业系统和数据的外部合作伙伴或提供商入侵企业的系统。数据显示，有56%的企业或机构曾经因系统受攻击而导致数据泄露。《2019年全球风险报告》同时把数据欺诈或盗窃、网络攻击等技术类型的风险列入较可能发生的十大风险中。大多数受访者认为2019年网络攻击的风险增加，并导致资金或数据被盗（82%）以及运作中断（80%）。

2018年12月14日下午，一款通过“驱动人生”升级通道进行传播的木马突然爆发。木马通过驱动人生公司软件的升级通道，在短时间内就感染了十万台电脑。后续调查发现，这是一起精心策划的供应链入侵事件。无独有偶，卡巴斯基实验室发现的另一起新的高级可持续性威胁（APT）攻击行动，通过华硕实时更新应用程序注入后门程序，危及全球超过50万用户的安全。

供应链攻击不再是遥远的概念，随着核心企业与多方供应商在信息系统上的对接，留给恶意攻击者的选择空间越来越大。网络安全公司Carbon Black在2019年全球事件响应威胁报告中称，越来越多的攻击者正在使用各种新技术攻击供应链条上的合作方。目前供应链攻击方式主要有劫持网络、直接入侵供应商以及劫持第三方托管服务三种方式。随着越来越多物联网设备接入网络，供应链攻击越来越难以防范。

据估算，2018年有70亿台物联网设备在运行，预计2020年达到99亿台。数量庞大且极为分散的物联网设备给攻击者提供了入侵机会，几乎每台物联网设备都容易遭到攻击。从卡巴斯基安全报告来看，近年来针对物联网设备的恶意攻击呈爆炸式增长，而且被攻击的物联网设备呈现多样化。无论是路由器、摄像头、自动售货机，还是智能空调、智能电灯、语音助手、可穿戴设备，都有可能成为被攻击的对象。

可以说，企业的安全度取决于其供应链中的最弱一环，无论是货主企业还是物流服务企业，一场全新的网络保卫战正在展开。一方面我们要使用那些已被验证的技术手段和安全框架，提高数字系统的整体安全系数，帮助企业评估和疏解系统所面临的安全风险；另一方面要加强员工的安全教育与培训，提升风险防范意识，减少隐患。

五、农村物流的“第一公里”

中国产业信息网的数据显示，2015 年我国农村电商市场规模约 0.35 万亿元，2018 年已达 1.37 万亿元。根据前瞻产业研究院的预算，2020 年我国农村电商市场规模将超过 1.68 万亿元，增长迅速。中国生产力促进中心协会透露，中国农村电商市场正在形成多元化竞争格局，既有以阿里巴巴、京东、苏宁易购、拼多多等为代表的电商巨头，又有供销总社、中国邮政等国有力量；既有背靠上市资本的云农场、金正大、辉丰股份等企业，又有数量众多的地方性农村电商平台。

电商平台的成功离不开物流的支撑，在此背景下，近年来国家高度重视农村物流体系建设。2017 年商务部、公安部、交通运输部、国家邮政局、供销合作总社联合印发的《城乡高效配送专项行动计划（2017—2020 年）》、2018 年初国务院办公厅印发的《关于推进电子商务与快递物流协同发展的意见》、2018 年 9 月中共中央、国务院印发的《乡村振兴战略规划（2018—2022 年）》等文件，均不同程度地提到要构建农村物流基础设施骨干网络，并逐步完善农村物流末端网络（配送网络），形成高效集约、协同共享的农村物流体系。

2019年1月，作为主管部门的交通运输部，发布了《关于推进乡镇运输服务站建设加快完善农村物流网络节点体系的意见》，指出要加快建设县、乡、村三级农村物流网络节点体系、培育龙头骨干物流企业、推广先进运营模式和信息技术，构建资源共享、服务同网、信息互通、便利高效的农村物流发展新格局。

物流属于基础性、先导性产业，对推动农村商品流通市场转型、促进农村生产消费升级、推进农业供给侧改革、乡村振兴战略的实施有着重要的作用。经过各方面的不懈努力，中国农村物流有了长足发展：2018年我国农村地区收投快件量超过120亿件，农产品进城和工业品下乡超过7000亿元；快递企业在全国农村地区共设置有6万多个快递服务网点，快递企业乡镇网点覆盖率超过92%，相比2017年提高了5个百分点，21个省份基本实现建制村直接通邮。

目前，“工业品下乡”通道已较为成熟，尤其是在东部等经济发达地区，农村快递配送站、代收点较为普遍。相较而言，“农产品进城”的通道仍然面临重重困难。有数据显示，由于农产品上行的不顺畅，我国每年损耗的水果、蔬菜分别达到1200万吨、1.3亿吨。

1. 导致农村物流“第一公里”难题的原因

农产品上行受阻，农产品无法货畅其流，关键在于农村物流“第一公里”难题，主要原因有以下几点。

一是与城市相比，农村站点过于分散，集货成本高，时效性难有保证，成本和效率上不占优势。

二是质检、拣选、称重、打包、包装等物流作业均需在“第一公里”环节完成，但农村相关配套设备设施、技术经验较为缺乏，难以满足要求。

三是农产品易腐烂、易损耗、季节性强，加上我国冷链物流基础能力较弱、生鲜产品保鲜化运输比例较低等客观因素，农村物流“第一公里”面临较大挑战。

四是农产品种类繁多，产量规模不一，农业生产现代化程度较低，供给分散。农产品的检测分级、保鲜包装、存储配送难度不小。

五是农村电商经营者小而分散，电商销售平台种类繁多，信息化程度参差不齐，不利于实现农村上行物流的集约、共享、高效。

农村物流“第一公里”，包含农产品集货、运输、交付等环节，涉及加工工厂、流通企业、经销商仓库等不同主体，加上农村物流的现实条件限制，较少有物流企业能够提供全面、优质的服务，农村物流“第一公里”供应商稀缺。

2. 破解农村物流“第一公里”难题的措施

面对农村物流“第一公里”难题，以下五点措施可供参考借鉴。

一是以 PPP 模式搭建冷链物流基础设施，形成类似于电力电网、电信铁塔的管道体系。冷链物流基础设施是农村物流“第一公里”的关键，但由于冷链基础设施投资大、回报慢、盈利难，单纯依靠社会资本投资建设，可行性较低。因此，应将农村冷链基础设施视为公共基础服务资源，由县、镇级政府牵头和参与，约定回报机制，带动社会资本投入，建成后交由专业第三方物流企业运营，多方共赢。镇级冷链主要负责集货、清洗、初步拣选、预冷等环节，县级冷链主要负责低温加工、包装、转运等工作，如此有助于加速农产品冷链物流网络建设，有助于提高生鲜农产品产地预冷、低温加工等能力。

二是扶持电商渠道，借力旅游、文化项目，促进销售，在一定时间内形成较高的订单密度，降低物流平均成本。例如，赣州自 2006 年开始打造“网上脐橙节”，曾在一个月内获得 14 万次以上的点击量，促进农产品产地直销；湖北邮政线上打造邮乐网湖北地方馆，上线商家 447 户、上线商品 1 万多种，日均订单达到 6000 笔。2018 年 6 月 21 日，国务院关于同意设立“中国农民丰收节”的批复发布，同意自 2018 年起，将每年农历秋分设立为“中国农民丰收节”。具体工作由农业农村部有关部门组织实施。

2018 年首届农民丰收节，吸引了多家平台参与，共同拓宽农产品销售渠道，有力地带动了农产品的销售，在短时间内大幅提升了农产品上行订单。订单密度的提升，大大降低了每笔订单的物流成本，物流企业自然愿意增加投入。

三是发展农产品加工业。对农产品进行适度加工，既可以增加附加值，同时便于低成本存储与运输。如温州瑞安，通过万级净化车间对蔬菜进行全自动化分切、清洗、杀菌，制成即食蔬菜配送至早餐供应商；经过加工的农产品价格更高，销量更大，当地农户的收入增加了 30%。

四是合并同类项，形成下乡进城双向物流回路，减少车辆空返。如上午将农产品集运进城，下午将冰激凌、速冻食品、低温奶制品等配送下乡，提高冷链运输车辆的利用率。新疆在 120 个深度贫困乡镇建设了电商服务站，一方面方便村民购买生活、生产用品；另一方面农产品由县级服务站统一包装与销售，打通乡村物流双向通道。建立城镇至乡村的双向流通体系，有助于资金、人员、设备、技术等要素的充分利用，达到降本增效的目的。

五是升级完善包装材料、保鲜技术，提供规范指导，帮助企业做好农产品的防震、抗摔、保鲜，最大限度地降低农产品的损耗率。例如，福建云霄的田丰 e 家供应链公司就很重视农产品的包装保鲜，针对枇杷皮薄水分多、糖度高，稍微碰撞就会变黑的情况，先将枇杷分级，再使用套袋、网袋、菱形网格、珍珠棉垫等包材将其保护起来，既透气，又可以满足长途运输的需要。中国电子商务研究中心监测的数据显示，我国生鲜产品损耗率平均值为 25%~30%。通过包装、保鲜技术的升级与应用，有效降低损耗率，必将大大提高产业链上相关参与方的毛利水平，吸引更多资本的投入。

综上所述，可通过搭建冷链物流基础设施、提高农产品上行订单密度、增加农产品的适度加工、打通乡村物流双向通道、升级完善农产品的包装保鲜，破解农村物流“第一公里”难题，让农村物流跑起来，助力乡村振兴。

第六章　供应链重构的关键技术

一、高企的物流业人工成本

随着适龄劳动力的减少，人口教育水平的提升，“人口红利”逐渐消退，劳动力成本逐节上升。根据社保第三方专业机构51社保发布的《中国企业社保白皮书2018》，53%的受访企业表示人力成本占其总成本的比例超过30%；更有16%的受访企业表示人力成本比例高达50%以上。日韩一些劳动密集型的企业2008年后逐渐将其生产基地转移至东南亚国家，因为这些国家的劳动力成本只有中国的1/4左右。

物流行业是劳动密集型行业，受劳动力成本上升的影响很大。国家最新统计数据显示，在2018年城镇私营单位分行业就业人员年平均工资中，交通运输、仓储和邮政业为50547元/年，略高于49575元/年的全国平均水平，增速快于全国平均水平。不过背后付出的是较高的劳动强度，数据显示，“快递小哥”的工作时间普遍较长，48.9%的“快递小哥”每周只能休息一天，近一半快递员每天工作时长为10～12小时，每天工作12小时以上的占比21.4%。

数据显示，采购与供应链领域的员工跳槽平均会提薪15%，薪酬福利是其衡量职业机会的第一因素。因此，企业通过降薪达到降低人工成本基本上不可行。为此，我们需要找到其他应对用工成本上涨的办法，进而释放出更多利润空间。

1. 依靠增值提高报价

在货主企业对降本有持续诉求的情况下，企图通过直接涨价来缓解人工成本上涨的压力显然是不现实的。为此，企业需要通过增值服务或差异化服务，提升客户满意度与黏性，以价值服务换取更高的收入，减少人工成本的影响。

例如，帮助客户实现生产物料供应商库存管理模式（VMI），帮助客户降低采购成本、减少缺货率、提升响应时效；在为客户降低供应链整体成本的前提下，体现自身服务价值，进而从客户那儿得到更高的收入。

或者从了解客户需求、制订解决方案、发展与客户良好关系等方面着手，整合内外部各类资源，形成综合一体化解决方案，为客户提供能满足其个性需求的定制化服务。摒弃关系型销售策略，因为依赖于私人关系、人情关系的业务关系是不牢靠的，一旦对方相关人员发生变动，就会影响后续合作，且易陷入价格战的泥潭；销售人员不能仅满足于维护客户关系，应该深度考虑如何挖掘客户需求，帮助客户解决问题，通过综合解决方案获取服务溢价。

2. 用科技提高效率效能

物流企业多数情况下需要人工来管理，尤其是仓库库内管理。这种模式下，一方面，信息散乱，不利于信息的共享与集成，效率低下；另一方面，人为的不确定性因素导致失误增多，发生货损货差的情况频繁。为应对这一症结，物流企业纷纷加大物流技术或物流设备的投入，减少对人工的依赖；同时，提升工作效率效能，以降低用工总成本。

例如，在快递的分拣、配送环节，往往存在劳动力密集、用工成本高且效率不佳等问题；在配送中心的成本构成中，直接参与分拣操作的人力成本占到45%左右。另据了解，仓储分拣人员一天弯腰次数在3000次左右，由于体能消耗较大，一般工作4小时后效率便直线下降。为解决这一运作痛点，京东物流、苏宁物流尝试应用外骨骼机器人，用于辅助分拣搬运，将员工的高效工作时间延长至8小时以上，提升了产出效率。

申通、韵达等企业也在运输车辆、自动分拣设备等方面加大投入，人均作业量有望进一步提升，从而减轻人力成本上升对业绩的扰动；据测算，使用自动化设备后人工成本将降低 70%左右。例如，申通逐步在浙江义乌、山东临沂、河南郑州等地推行包含分拣机器人、自动化扫描、自动化称重、自动化计包等在内的自动化分拣设备。

3. 以模式创新提升人均产出，冲抵成本压力

随着移动互联网、手机支付、乡村振兴战略的推进与发展，拥有庞大消费群体的三四线城镇成为众多品牌青睐的蓝海市场，“小镇青年”“渠道下沉”成为热门关键词。物流企业为迎合趋势发展及货主企业的需求，正将更多资源投入三四线城镇物流网络的建设与升级。不过，由于网点分散、货量不平衡等因素影响，三四线城镇物流成本居高不下、效率低下。这需要物流企业在加大科技、资本投入的同时，寻找模式创新，有效提升人均产出以冲抵成本上涨压力。

例如，2019 年 6 月才浮出水面的溪鸟物流，立足于县域物流市场，通过系统和技术手段，以商业模式创新为突破，打造一个面向三四线城市的快递共同配送平台，以此优化快递行业配送成本结构；同时与阿里巴巴集团紧密协同，为县域农产品企业提供基于仓储配送“一揽子”供应链解决方案。

简言之，新成立的溪鸟物流，开拓的是县域物流快递末端网点的共同配送。未来一个配送员可以同时派送揽收不同快递企业的快递件，快递企业不必重复建设网点。一方面可减少雇员数量，另一方面可提升配送员的人均订单密度，亦即人均产出。

4. 灵活用工比例，实现员工结构“轻资产化”

灵活用工是指以岗位外包形式为企业提供弹性用工的雇用模式，以解决企业激增、高峰期、季节性的人员需求，实现因需而变，减少人力成本。采用灵活用工模式，可以减少企业正式员工人数，企业用工风险平均

降低50%，用工效率提升30%；可以节省用工成本，因为企业只需支付员工任务期限内的薪酬，企业只需按实际工作的时长（天数）付费。与劳务派遣相比，灵活用工具有劳动合同时间长短不限，雇员的管理责任由人力资源服务企业承担，雇员岗位不受限制等优势，未来或将逐渐得到企业管理者的青睐。

表 6-1 灵活用工与劳务派遣的对比

	灵活用工	劳务派遣
劳动合同期限	时间长短不受限制	必须签2年以上
乙方资质	业务流程外包资质（非人社部管理）	人才派遣资质（归人社部管理）
责任承担	归人力资源服务企业承担	归企业承担，人力资源服务企业承担连带责任
结算方式	以人数、项目、计件模式收取外包服务费	以员工数为基数，收取服务费
管理权限	人力资源服务企业管理	企业自主管理
岗位性质	不限	符合“三性”（临时性、辅助性、可替代性）的岗位；占比不得超过企业总职工的10%

资料来源：安信证券研究中心。

在灵活用工方面，有三种模式比较适合物流企业：一是项目制，针对企业短期、具体的项目需求，满足其临时用人需求。如某物流企业承接到一个物流网络规划咨询项目，为了增强团队的咨询服务能力，委托人力资源服务企业临时招募2名有此类经验的专家顾问。

二是岗位外包，直接把客服类、操作类、普通销售类等基础性岗位外包给人力资源服务企业。这些岗位对就业者的专业能力、经验、学历、年龄等没有过高的要求，只需经过短期培训即可上岗。美团配送的“骑手”很大一部分即采用岗位外包模式，由第三方配送团队与美团外卖签订合约。

三是通过众包平台获得劳动力。物流企业可以通过猪八戒网、好活网等服务众包互联网平台，发布相关服务需求订单，就业者接取订单执行任务，用人单位向符合要求的就业者发放佣金酬劳。众包平台为物流企业与社会人才搭起了联结与沟通桥梁。人才共享方式帮助物流企业有效降低人工成本，实现员工结构的“轻资产化”。

二、非网络型企业的边际成本

当企业满足一定条件，随着生产或销售规模的扩大，企业的经济效益会相应提高，即为规模效应或者规模经济。企业要满足的条件为边际成本递减。为何是边际成本递减？这是因为企业经营总成本包含固定成本与可变成本，固定成本属于沉没成本，不会因为生产或销售规模的扩大而发生变化，可变成本则与生产或销售规模基本上呈现同比例变化。因此，当企业的生产或销售规模扩大时，原有的固定成本被分摊，单位平均成本下降，经营状况得到改善。

规模效应是企业追求的理想目标，企业可通过规模化生产或销售来获得更多利润。能否实现规模效应，要看企业规模化之后能否分摊原有的固定成本；换句话说，并不是简单的规模化就能产生规模效应。有些走多元化路线的企业，营业收入虽有较大幅度的增长，但增收不增利，原因在于新增业务不能分摊原有的固定成本。另外，前期固定成本投入较大而可变成本较小的企业，更容易获取规模效应，如互联网企业前期的产品研发成本、硬件设备成本等占比较高，可变成本较小，一旦产品研发成功推向市场，规模化可以显著降低其平均成本，规模效应明显。

反观物流行业，其中快递业具备明显的规模效应优势。2019 上半年的数据显示，快递行业 CR8 的市场份额达到 81.7%，相比上年同期增长了 0.2 个百分点，规模效应让市场集中度持续提升。由于快递企业属于网络型物流企业，前期需要在全国范围建设分拨转运中心、末端配送网点，固定成本投入巨大；起网成功后，在其负荷承载范围之内，新增用户的可变成本小，规模化可以使其边际成本快速下降，进而获得可观利润。因此，网络规模、网络覆盖率、网络管控力、网络连通率等对于快递企业而言，尤为重要，是其生存发展的核心竞争力。

而合同物流企业这类非网络型物流企业，拥有资产较少，更多是通过整合各类运作资源，形成解决方案，为客户提供定制化、满足其个性化需求的综合物流服务。非网络型物流企业的固定成本投入较少，从商务公关、应标投标、仓运资源采购到流程管理等，几乎都是变动成本。项目制的业务形式导致其每新增一个客户所需的投入很难与之前的项目投入协同共享，难以分摊原有的成本投入，管理成本、间接成本、人员成本往往居高不下，难以实现边际成本递减，规模效应较弱；业务规模与成本投入成正比，往往会出现业务量小的时候能盈利，一旦业务快速增长，就会出现盈利下降，甚至亏损的局面。

对于合同物流这类非网络型物流企业，有没有降低其边际成本、规避规模效应天花板的办法？结合不同行业的经验及个人理解，笔者总结了四类途径办法，以供参考。

1. 服务模块化

2018 年底，顺丰以 55 亿元收购 DHL 大中华区业务；2019 年初，壹站（上海）供应链管理有限公司完成 Pre-A 轮融资，合同物流逐步受到资本的高度关注与认可。但合同物流企业仍然难以实现规模化，其中一个重要原因是合同物流缺乏标准化。合同物流需要围绕客户需求，整合内外部资源，形成综合的、一体化的物流服务解决方案，客户需求千差万别，在考核指标、运作要求、货量批次、车型要求、交付时效、增值服务等方面均有较多的个性化要求。合同物流一般服务于大中型企业，货主企业拥有高度话语权，合同物流企业的议价能力低、议价空间有限，报价上也存在不规范缺乏标准的问题。

合同物流企业提供的是定制化的综合解决方案，而不是标准化物流服务产品。中国外运、宝供物流曾尝试往提供标准化服务产品的方向努力，中国外运曾重金聘请清华大学智库团队为其出谋划策，但收效甚微。原因主要在于客户需求是个性化的，随外部需求而动的合同物流企业难以实现标准化；同时，标准化的实现需要以成本投入为支撑，没有固定的仓运配资源作为支撑，物流服务难以标准化。

因此，打造像数码产品那样完全标准化的物流服务产品，对于合同物流这类非网络型物流企业来说并不合适。我们可以借鉴信息技术中软件设计模块化思路及中台战略思维，依据物流服务中不同场景、不同环节的服务内容、标准、所需设备人力、操作流程等，形成不同的基础服务模块，每个服务模块对应不同的标准；底层运作拆解分块形成菜单式能力清单，类似于制造业生产过程中的不同组件，按需抽取、微调并组合成综合的物流解决方案。如此，可以有效地降低应用基础服务所产生的额外成本，有助于实现规模化效应。

路歌平台近几年的快速发展，正是得益于其将运力对接流程进行标准化，形成一套涵盖运力搜索、虚拟车队、资源筛选、运单匹配、承运完结、循环交易等在内的标准运力对接模块，将车辆资源转化为可控、可管的运力单元，实现直采到车或直采到经纪人，以赋能物流企业构建自己的运力供应生态。

将服务模块化，需遵循以下四个原则：首先是模块功能单一性，每个模块承担一项主要服务；其次是模块稳定性，尤其是核心的、底层的模块，归纳总结好，尽量少改动；再次是模块间的独立性，尽量减少不同模块间内容的交叉，避免模块之间相互依赖；最后是提升模块的完备性，依靠数据与经验，优化模块内容，减少模块缺陷。

2. 业务集中化

亚马逊的物流费用 2001 年约为 12%，2009 年降至 8.4%。如何实现的？答案就在于亚马逊大规模建设物流中心，将分散的货物、订单集中到相应的物流中心，通过快递配送公司完成最终的履约，从而实现仓储及配送的规模效应。同样，为了有效降低管理的边际成本，越来越多的基金公司将投研以外的工作外包给第三方管理平台，主要包含基金宣传推介、基金发售、基金份额认（申）购、基金分红、基金赎回（退出）等。通过远程云服务，配以少量外派人员，第三方管理平台可以同时服务于众多基金公司，将不同基金公司的同类工作进行合并集中处理，大幅降低了基金公司的边际成本。2018 年，碧桂园大力开拓在管项目，提升项目密度，通过管理集约化，有效降低人工的边际成本，使碧桂园净利润率由 2017 的 12%提升至 2018 年的 20%左右。以上途径都是将信息、实物或业务集中化，实施集约化管理，促使边际成本下降，进而实现规模效应。

物流提供商潘世奇物流公司与福特公司的合作也说明了这一点。福特公司生产福特、路虎、林肯、阿斯顿马丁等多种品牌汽车，拥有复杂的采购、生产、运输和分销网络。当时福特公司在北美的 20 家装配工厂都是自己管理物流业务，分散式管理虽然有助于工厂对物流的直接管控，但也付出了高昂的成本代价。为改变这一现状，福特公司决定变分散式物流管理为集中式物流管理。在此背景下，福特公司与美国潘世奇物流公司达成合作协议，将 19 个装配工厂与 7 个冲压厂的入厂物流业务交由潘世奇物流公司管理。

接手这项物流业务后，潘世奇物流公司立即开始现状诊断，并针对问题制订物流转型计划与新的解决方案。福特公司原先的做法是以工厂为中心，一个供应商需向不同的工厂供货，由于各工厂要货时间不同，导致供应商的车辆往返次数多且空载率较高，运作效率低下。新的物流解决方案建立 1 个物流中心和 10 个新的订单调度中心，后来订单调度中心进一步压缩为 4 个，并以新的物流网络来实现集中运输与配送。不同供应商配送到同一个工厂的物料，先在订单调度中心集中，再按要货计划进行合并及配送交付；从而减少运输次数并提高车辆的装载率，多数车辆装载率提升到

95%以上。同时，帮助工厂减少了15%左右的库存占压，有效降低了供应链的整体成本。

3. 资产数字化

在移动互联网时代，数据是知识的原材料，是一种新的“燃料”。奇点大学创始执行理事萨利姆·伊斯梅尔在其《指数型组织》一书中指出，信息技术以及由此产生的信息或数据，是驱动指数型组织发展的重要支点。我们生活在一个数据大爆炸时代，未来还将产生更多的数据。有专家测算，一辆无人驾驶的汽车，每秒产生的数据量约为1G，2分钟就可以塞满一部普通手机的内存。企业向数字化转型已不仅是一个发展趋势，业已是一个不争的事实。数字化可以借由流程自动化、合约智能化等方式，优化产能、减少不必要的低效工作，帮助企业实现降本增效；数字化还有助于我们提高洞察能力，利用内外部数据帮助企业做出更合理、更准确的商业决策，而不再是靠“拍脑袋”。同时，数字化有助于实现人、货、场的重新分工与组合，形成新的商业模式，变革服务价值链，开拓新的收入源。

回顾“互联网+”物流的发展历程，起初是车货匹配类平台，利用互联网技术实现交易信息的配对与撮合；后出现SaaS类物流管理软件，向企业提供软件服务的租赁业务，减少物流企业的信息技术投入；近期，有业内人士宣称未来物流一定是数字化向数智化方向发展。物流数字化正在加速，数字化是物流企业实现升级的利器，正在给物流行业带来深远的影响。

中国物流的体量世界第一，年度快递包裹数量突破500亿件，比美、日、欧总和还要多，世界十大集装箱港口有7个在中国……中国物流行业战绩辉煌，但我们无法忽视物流效率普遍低下的现状，中国公路运输的空载率均值在40%左右，远高于德、美两国的10%～15%。物流资产数字化是提高行业效率、释放行业发展新动能的有效路径，7个最发达的工业化国家（美国、日本、德国、英国、法国、意大利和加拿大）可以说是这一领域的佼佼者。

七国集团首脑会议（G-7 Summit，简称G7）致力于建设中立、开放的技术平台，通过“人工智能+智能资产”战略，赋能物流企业与车队客户、提升行业整体效率；G7将定位于资产服务化平台，以技术驱动物流资产的智能化升级改造。早在2018年6月，G7便以物联网、人工智能、大数据等技术为基础，推出智能挂车产品，让传统挂车拥有“自我感知、自动交互、自动学习”三大核心能力，帮助物流企业提升运输安全性的同时，有效降低管理成本。2018年底，G7又对智能挂车产品进行升级，加入“数字货舱”功能，通过传感器、电控悬挂系统等技术，实时自动称重并记录载重曲线，之后再利用高精度传感器和人工智能（AI）摄像头对车厢内的货物进行体积测量，计算出装载率后实时传输给终端，指导优化之后的配货工作。

数字化既可以有效地帮助企业降低获得某种产品或服务的成本，也能大大减少地理空间上的障碍。物流资产的数字化，将人、车、仓、动作等进行数字化，并映射到系统平台，为智能物流的发展打下坚实基础；同时，由于易于升级、具有更高效率及梅特卡夫定律效应，领先的平台将获得更大优势，边际成本变得更低，从而利于其实现规模经济。杰里米·里夫金在《零边际成本社会》一书中说到，数字化物联网平台的应用，将使未来的边际成本趋近于零。

4. 协同共享化

爱彼迎、滴滴、货拉拉、摩拜等众多共享平台，以互联网技术为依托，解决各行业中的信息不对称问题，撮合处于分散状态的供应方与需求方，聚沙成塔，达成惊人的交易数量。这些现实案例告诉我们，所有权不再是衡量财富的唯一标尺，平台规模不再被资源所制约，使用权、访问权、连接权成为盘活潜在资源、实现超边界发展的关键因素，协同共享是新商业模式的主要驱动力之一。

通过协同共享，物流企业不必花费巨额成本购置设备或建设仓库，通过业务合作或股权控制方式，便可以获得或调动所需的物流资产；通过信息技术将内外部、分散独立的各方资源整合起来，形成平台的一体化服务能力。除韵达的联合仓外，强调自营属性的京东物流，自 2017 年也开始注重外部资源的整合协同，推出京东云仓产品。

京东云仓是一个开放的物流供应链服务平台，与符合京东物流服务要求的三方物流企业强强联合，以整合共享为基础，通过系统、技术、品牌、标准、数据的输出，赋能商家与合作伙伴，建设具备仓储、运输、配送等一体服务能力的云物流基础设施平台，最终形成共生、互生、再生的物流资源生态体系。截至 2019 年上半年，京东云仓面积已达 250 万平方米。在云仓模式的助力下，京东的履约费用率进一步下降至 6.1%，比 2018 年同期下降了 0.6 个百分点。云仓模式不仅帮助京东物流实现仓库资源的整合与共享，助推其降本增效，而且为合作的三方物流企业带去其所缺乏的销售预测能力、品牌传播能力、成体系的渠道资源、内部培训提升能力、运营管理优化能力，实现多方共享共赢。

物流资源协同共享的另一个例子是托盘的循环共用。据估测，我国各类企业使用的托盘数量在 12 亿片左右，其中超过一半是在企业内部应用，闲置的情况时有发生，造成资源浪费。共享经济模式为托盘租赁事业提供了新思路：出让闲置资源的使用权，让托盘循环共享，在生产商、销售渠道商、物流企业和货主企业之间流通、共享和循环，提高托盘的利用率，降低运营成本。与此同时，有托盘平台商利用射频（RF）电子标签、全球定位系统（GPS）、传感器等物联网技术，将托盘数字化；借此实现托盘的线上跟踪与管理，实现物流、信息流、资金流的整合与应用，挖掘托盘的衍生价值。招商路凯已设立 29 个营运中心、200 多个托盘收发点，拥有将近 1000 万片托盘，为需求方提供托盘的收发、分拣、维修与存储服务，并凭借一套专业化托盘管理系统，实现对托盘的需求管理、全程跟踪、盘点结算等管控。未来，招商路凯将以其运营管理体系和专业运作经验为依托，有效协同、整合更广泛的社会资源，打造一个循环共享的托盘开放式服务平台，吸引更多货主企业、物流同行及托盘厂商加入，共同打造托盘循环共享生态圈。

三、降不下来的物流费用

1. 从15%至5%，是理性目标还是天方夜谭？

2018年5月31日，菜鸟网络2018全球智慧物流峰会在杭州举行，阿里巴巴集团董事局主席马云第一个发言。马云认为物流既是制造业中的服务业，也是服务业中的制造业。中国是制造业大国，物流业不仅要自己发展，还应该成为利润担当。演讲中马云传递的信息量很大：我国将投入上千亿元建设国家物流骨干网，届时24小时货通全国、72小时货通全球，大力发展智慧物流……但最引人关注的是马云说菜鸟将通过技术把中国物流成本从占GDP的15%降到5%以下。

从美国Armstrong & Associates的数据来看，世界主要发达经济体2016年物流费用占GDP的比例平均为8.8%；要使中国物流费用GDP占比从15%降至5%以下，则意味着我们的物流成本效率要超越世界发达经济体。当然，这个不是没有可能，但中国作为一个发展中国家，与发达经济体尚有10~20年的发展差距，这个目标至少10年内实现的概率很低。

表6-2　各国和地区物流费用占比

国家/地区	2016年物流费用占比（%）
澳大利亚	8.6
日本	8.5
韩国	9.0
欧盟	9.5
加拿大	9.0
美国	8.2
经济发达体平均	8.8

资料来源：Armstrong & Associates。

进一步地，如表 6-3 所示。以物流总费用占 GDP 比例 5%为节点目标，假设中国 GDP 未来保持 7%的年增长速度。若在 2022 年、2028 年实现我国物流总费用占 GDP 的比例下降到 5%的目标，则 2022 年、2028 年的物流总费用分别为 5.8 万亿元、8.7 万亿元，比我国 2017 年物流总费用还要小，且小了很多。

表 6-3　中国物流费用占比测算

年份	物流总费用（万亿元）	GDP（万亿元）	占比（%）
2015	10.8	68.9	15.7
2016	11.1	74.4	14.9
2017	12.1	82.7	14.6
……	……	……	……
2022	5.8	116.0	5
……	……	……	……
2028	8.7	174.1	5
……	……	……	……
2038	17.1	342.4	5

我们不妨把时间跨度延长，以 2038 年为例，仍设 GDP 年增长率为 7%。则 2038 年我国 GDP 总量有望达到 342.4 万亿元，物流总费用约为 17.1 万亿元，物流总费用占 GDP 的比例降至 5%；而物流总费用与 2017 年相比，年均复合增长率约 2%，相对而言具有一定的现实可能性。

以上是基于 GDP 以年 7%左右的发展速度推算的结果，随着我国经济进入新常态，要保持这一增长速度，有一定的压力。换句话说，马云的这个目标要实现，乐观估计也是 20 年以后的事。

2. 物流供应链企业可以一笑了之吗？

虽然物流总费用占比 5%的目标实现起来有一段路要走。但是显然我们不能一笑了之。

近几年，国家大力推进物流行业降本增效，为供给侧改革、实体经济发展提供保障；物流科学技术的创新与应用，正在不断提升物流的整体效率。社会物流总费用占 GDP 的比例呈下降趋势，是不争事实。

如图 6-1 所示，社会物流总费用占 GDP 的比例，从 2009 年的 18.1% 一路下降到 2018 年的 14.8%。通过回归拟合分析可以发现，该项数值的发展趋势符合三项式公式模型：$y=-0.0003x^2-0.0014x+0.1846$，且 R^2 为 0.9181。说明该公式可以解释因变量 91.8% 的变异，显著性强，代表性高。

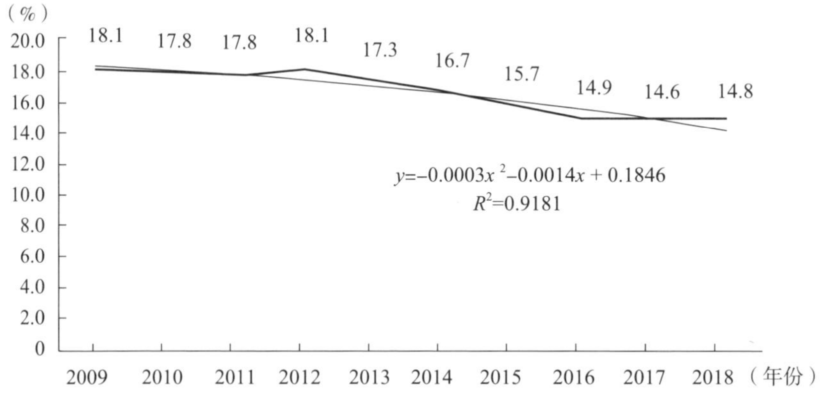

图 6-1　2009—2018 年中国社会物流总费用占 GDP 的比例

物流总费用占 GDP 的比例持续下降，则物流总费用的年增长速度必将低于 GDP 的增长速度，这对于物流供应链企业意味着什么？

这意味着物流供应链企业的业务收入增速低于 GDP 增速，意味着整个行业的增量越来越有限，物流供应链领域进入存量博弈的发展阶段。

这一发展阶段，创新与整合将成为发展的主要特征。物流供应链企业要从“群狼”中突围，获得更多市场份额或超额利润，只有两条路可以走：一是抱资本大腿，携雄厚资金收购、兼并、控股、投资各业务板块的目标公司，整合版图，构建核心资源与能力；头部企业逐渐形成，集中度增加，马太效应逐渐显现。二是依靠科技投入，开展商业模式、运作方式等方面的创新，通过科技创新提升效率，构筑护城河，提升盈利能力。

资本不断涌入物流行业，2018 年前 7 个月，发生 80 起融资事件，总额超 600 亿元。其中不乏巨额投融资事件：京东物流获业内最大笔融资 25 亿美元、丰巢获得 20 亿元、满帮集团获得 19 亿美元，壹米滴答获 5 亿元……

可以看到，各物流巨头围绕自身发展战略，展开合纵连横，整合资源。以京东物流为例，2018 年 1－4 月，发展联合仓配引入渠道商运力，与福田汽车合作打造面向未来的智慧物流产品，与 10 余家高校和科研院所探索物流领域的“产学研”融合，与海航集团联手推动电商物流全球化，携手龙湖地产、摩拜单车、红牛等十大品牌商打造物流营销联盟。

与此同时，物流“黑科技”应用日益成熟，智慧物流进入加速推广期，无人卡车、无人机、区块链应用等层出不穷。京东物流更是把投资新物流技术作为未来几年投入两大方向之一，以客户为中心，打造“作业无人化、运营数字化、决策智能化”全面智慧化物流体系。

3. 结语

物流行业已告别高增长、高利润时代，进入以存量博弈的新发展阶段，降本增效成为物流行业的主基调，兼收整合、科技创新成为这一阶段的主要特征。

作为物流供应链企业，要放弃粗放式经营，优化内部管理，加强外部合作，向效率要利润，在协同上拿份额；要主动思考如何应用新科技武装自己，既不麻痹大意，也不顺流盲从。

四、物流企业的规模经济效益

在降本增效大势下，物流供应链企业能否实现营收与利润的双丰收？传统的商业逻辑告诉我们，只要提高市场占有率，利润就会随之而来。但中国物流业在经过三四十年的高速发展后，面临营收与利润增长“瓶颈”，一些物流企业甚至营收与利润双降。

虽然有几家企业体量较大，但物流企业小、散的格局没有发生根本性改变。2018 年零担市场 CR10 的份额小于 3%，行业前 30 强的门槛仅为 4.5 亿元，年营业收入超过百亿元的仅有德邦一家，市场非常分散。如图 6-2所示，在合同物流领域，营收规模超百亿元者，占比仅为 14%；多数合同物流企业的营收规模在 10 亿元以下。

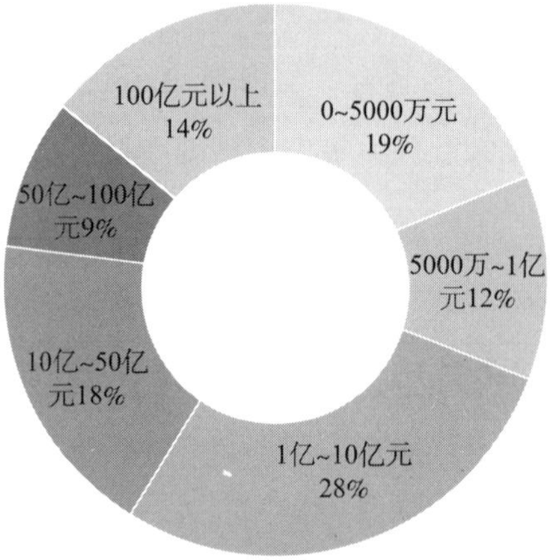

图 6-2　2017 年合同物流企业营收分布

资料来源：物流沙龙。

依据中国物流与采购联合会调研报告，我国重点物流企业的平均利润率在 6%左右。另据中商产业研究院的统计数据，2018 上半年，41 家物流上市公司中，利润同比下滑的有 12 家，占比约 30%。京东物流在 2018 年上半年亏损额约 24 亿元，菜鸟网络 2017 财年亏损额为 22.5 亿元，我国物流企业整体利润情况并不理想。

为什么经过几十年的发展，物流行业仍没有产生规模经济效应？为什么大型物流企业的利润水平没有得到明显优化？为什么整个物流业仍然为小而散的格局？原因在于物流行业的规模经济效应具有有限性、波段性特征，即在限定的容量之内，物流行业具有规模经济效应，超过一定容量就会转为规模不经济，待各类资源要素得到充分利用，再次进入规模经济阶段。

如在仓储领域，运营一个存储容量为100万吨的仓库，当实际存储量无限接近100万吨时，由于仓租、货架、叉车、系统软件等成本是固定的，平均成本越来越小，因而具有规模经济效应；当货量超过100万吨时，需要额外寻仓、租仓、购置货架叉车、部署系统，此时仓储运营平均成本并没有简单地随着货量的增加而下降，因而不具有规模经济效应，利润与收入难以保持同步增长。

在运输领域，平均运输成本曲线是一个先降后升的“U”形。开始时因各类资源得到充分利用，平均成本随运输量的增加而下降，表现为规模报酬递增；当运输量扩大超过一定规模，平均成本的增加快于运输量的增加，经济效益下降，是为规模不经济。

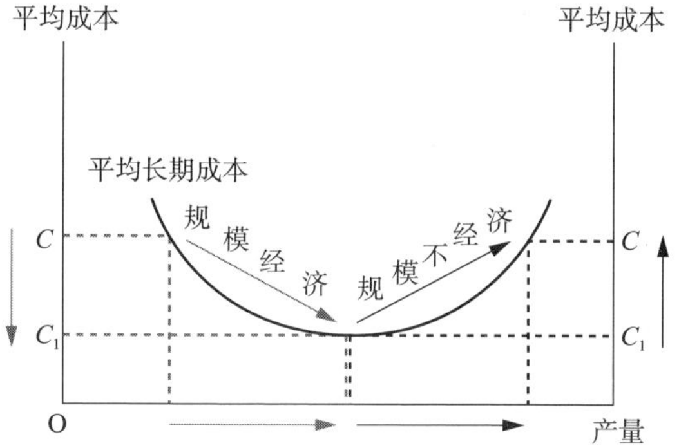

图6-3 平均运输成本曲线

资料来源：搜狗百科。

同城配送领域，在运力单价与时效要求不变的情况下，影响配送成本与效率的主要因素不在于订单数量，而在于订单密度。例如，A站有20个订单，分布于半径3公里范围内，而B站有15个订单，分布于半径1公里范围内，虽然B的订单数量少于A，但显然B站的配送成本大大低于A。因为B站只需一名配送员就可以完成配送任务，A站则需要至少2名配送员。

在很多种情况下，规模大，利润未必多。因此，物流企业不可一味地追求规模的扩大，应更重视仓储的满仓率、运输的满载率、配送的订单密度。效率或者资源的利用率才是物流企业利润的真实来源。

概括起来，企业可以通过以下三种方法提高效率。

一是通过联合、共建等方式，降低物流资源的使用成本。例如，京东物流的共建车队模式，联合运输承运商30万家；韵达的联合仓模式，将满足条件的仓储加盟商纳入其联合仓体系，使其拥有仓配一体化能力，就近配送，缩短运输距离，降低运营成本的同时带来了新的利润点。

二是通过内部整合优化，提升人员或设备的利用率。例如，某合同物流企业通过三星多仓整合模式，人员及设备的集约利用率提升了30%以上；韵达通过路线整合优化，减少干线运输线路约200条，平均每个转运中心连接的干线线路数量提升至79.6条，既降低了运输成本，又实现了规模效应。

三是扩展订单来源，提升订单密度。如京东到家，截至目前，已与沃尔玛、万宁中国、屈臣氏、国大、大参林、一心堂、步步高等形成战略合作或深度合作关系，做大了京东到家的订单池，提升了订单密度，降低了配送成本。

对于少数拥有雄厚资金，或是追求品牌价值，或是出于资本运作目的的物流企业而言，可以采取互联网企业的做法，前期依靠巨额投资，做大规模，后期以流量换利润。总之，由于规模经济有限、阶段式特点，单纯地依赖规模获取利润，对于物流行业来说并不可行。物流企业不必将货量水平、营收规模看得过重，而应把精力放在满仓率、满载率、订单密度等效率指标上。

五、物流降本增效七大招

近3年，国家每年都有与物流业降本增效相关的政策或措施出台，鼓励、推进物流行业降本增效。2018年以来，货主企业业绩下滑的压力增大，对降本的需求日益增强。根据物流沙龙的数据，货主企业认为合同物流企业应具备的能力中，成本控制能力排在第2位，而以往这一能力仅排在第7位。另有数据显示，近10年，重点物流企业业务收入的年均增速慢于业务成本的年均增速，物流企业的利润空间在逐渐缩小。

政策环境、客户需求、企业经营等不同维度，都对物流企业降本增效提出了不容忽视的要求，降本增效成为物流企业的重中之重。

如何实现降本增效成为多数物流企业迫切要解决的问题，以下是几家上市快递企业的降本增效措施，或许对物流企业的经营管理者有所启发和帮助。

1. 应用物流技术或设备，降低对“人”的依赖

就现状而言，物流业仍是一个劳动密集型行业，人力成本在物流企业运营总成本中占有较大比例，例如，在韵达股份的中转中心，与人工相关的成本约占营业成本的16.5%。考虑“人口红利”的消退，以及新生代不愿意从事劳动强度大、附加值低的工作等因素，物流企业的用工成本将不断上涨。

为应对这一症结，快递企业纷纷加大对物流技术或设备的投入，以自动化设备、人工智能技术代替人工，降低人力成本。

申通在浙江义乌、山东临沂、河南郑州等地逐步推行包含分拣机器人、自动化扫描、自动化称重、自动化计泡等在内的自动化分拣设备。据测算，使用自动化设备后人工成本降低70%左右。

韵达以自动化设备代替人工成效显著，单票人力成本逐渐下降；在订

单量快速增长的情况下，韵达生产人员数量从 2016 年的 6924 人减少到 2017 年的 6515 人，节约了人力成本。

顺丰研发出客服机器人，将人工智能与相应设备、业务流程结合，提供智能外呼、语音客服、客服助手等服务；这使得顺丰呼叫中心由原来的 9 个减少到 6 个，客服员工数量由 7000 多人降至 5000 多人，降幅为 27%。

2. 核心资产转为自营，优化路由，降低运营成本

对于快递企业而言，中转分拨中心是其核心资产，也是其运营成本的主要部分。为此，快递公司纷纷加大对转运中心的投资。

对于中转分拨中心而言，通过“自持物业”措施，一方面可以提升转运网络覆盖的广度与深度，增强公司中转能力和对核心资源的控制力，保障对核心资产长期规划的自主性；另一方面有利于全盘统筹优化，整合或精简中转分拨中心，优化运营效率，降低单位中转成本。另外，还可以避免因无法续约而带来的成本大、耗时长且影响正常运作的重新选址和搬迁。

韵达通过 100% 自营枢纽转运中心，并将部分二级转运中心合并到一级转运中心，转运中心的数量由 80 余家减少到 54 家；同时优化路由，简化运输线路。如此，韵达的订单更为集中，规模效应更为明显，有效降低了中转成本、运输成本。

申通三次收购加盟商转运中心，将中转中心自营率大幅提升至 74%；产能的加速优化助力申通降低运营成本，提升运营效率和服务质量。

3. 优化运输模式，降低运输成本

一方面，提高车辆满载率，有助于降低油费、路桥费等运输成本；另一方面，在同等装载水平下，自有车辆的运营成本低于供应商车辆，尤其在运输旺季价格上涨时，自有车辆的成本优势更为明显。因此，快递公司开始调整运输模式，增加对自有车辆购置的投入。

韵达通过调整运输模式、结构，采用承包车模式，即由韵达购买车辆转租给供应商开展运输服务，不仅可以降低空载率，降低单票运输成本，还可以租赁费抵消部分资金投入。自韵达加大对自有车辆的购置，其自有车辆数量 2017 年末便超过 1.2 万辆；其承包车 2017 年已达到日均发车 1600 余次，远超合同车、卡班车及自跑车，成为韵达的主要运输模式。

圆通也在不断提升自有车辆的数量，2018 年和 2019 年分别新购入大批量干线运输车辆，以增加圆通公司对运输网络的掌控能力，减少干线运输成本。

4. 与加盟商联合共生，降低管理成本，挖掘增长潜力

物流网络的构建需要大量资源投入，仅靠一己之力，费用高、难度大且耗时长，因此多数快递企业采用加盟制模式来组网和发展业务。不过，加盟制负载较高的管理成本，尤其是在保持服务体验一致性方面，难度较大且加盟商与总部间存在利益冲突。因此，快递公司在发展过程中需不断探索与加盟商联合共生的办法。

圆通通过为加盟商提供信息技术系统、管理经验、资源整合能力，降低加盟商费用负担等办法，强化与加盟商的和谐共生关系，激发终端网点揽派能力，刺激业务增长。

韵达通过联合仓配系统，将满足条件的仓储加盟商纳入其联合仓体系，使其拥有仓配一体化能力，就近配送，缩短运输距离，降低运营成本；同时可带来新的利润点，如仓储收益、订单操作收益等。截至 2018 年上半年，韵达联合仓已有 418 个，仓储面积超过 160 万平方米，仓储业务量较 2017 年增长了 200%，客户中不乏天猫、京东、唯品会等主流电商平台。

5. 借助外力，提升内部运营管理能力

我国物流企业以中小型企业为主，中小型企业小、散、乱的现状一直未能得到有效改善。由于缺少业务量及资金的支撑，多数物流企业在运

作、营销、人力资源管理等方面均不如人意，习惯于粗放式经营，缺少精细化管理的意识与能力。物流企业要及时解决这些问题，必须敢于投入，大胆借助外力、外脑，提升内力，以获得更好、更快、更持久的发展。

为此，德邦先后与 IBM、埃森哲、美世等国际知名咨询公司合作，如德邦与埃森哲合作，开展零担快递客户分群、营销策略设计、销售管理体系建设等，以提升其客户洞察能力、销售服务能力等，开启以客户为中心的业务转型。另外，埃森哲为德邦规划了相应的运营和信息管理系统，助其打造与新业务相适应的基础设施和业务流程，为德邦实现业务收入稳步增长奠定了良好的基础。

6. 差异化定位，培育新的业务增长点

随着竞争的日趋激烈，为突破业务增长“瓶颈”，寻求更大的发展空间，不少物流企业在努力培育新的业务增长点。快递企业向快运延伸，快运企业向快递靠拢，同时尝试开拓货代、同城配送、跨境寄递等综合物流服务。但物流服务同质化问题较为突出，快递、快运企业不可避免地陷入价格战的泥潭。为此，物流企业在培育新的业务增长点时，应注重差异化发展，以提升自身的议价能力和利润空间。

德邦当初选择以大件快递作为其新业务的锚点，是经过一番调研考量的。为此，德邦请来了麦肯锡，为其做了三次递归分析。麦肯锡首先为德邦提供了一份 370 多个候选项的业务领域清单，根据行业发展趋势，再筛选出 12 个候选项业务清单；通过可行性和吸引力分析，精选出 7 个最具发展潜力的新业务选项。德邦依据自身的情况，最终选定快递这个新的业务领域。

同时，德邦发现 3~60 斤快递介于电商件与零担之间，市场上还没有强有力的竞争对手，是一个市场空白点。因此，德邦决定走差异化发展道路，以大件快递为切入点。

7. 以优质服务体验提升客户黏性

优质服务是支撑物流企业前行的根基，物流服务企业要站在客户的角度思考问题，借助科技、管理等手段或措施，夯实业务底盘，不断改善客户的服务体验，以品牌口碑等软实力打开市场。

近年来，快递行业由高速发展转入新常态，行业集中度进一步提高，竞争格局基本形成，行业竞争焦点逐步由量向质转变；尤其是上市快递企业，需要更好的口碑与品牌形象，需更加注重服务质量与用户体验。

无论是转运中心自营化还是自动化设备应用，无论是自有车辆购置还是线路路由优化，最终导向均是提升运作效率、降低差错率、保障时效性，从而改善服务质量与用户体验，获取良好口碑，提升企业品牌形象与企业价值。

优质服务与良好口碑有利于提升客户黏性，有助于物流企业进入“优质服务—业务量增长—营收利润双增—科技投入与创新—优质服务”的良性发展轨道。

第七章　供应链重构的主要方式

一、多链重构

1. 精益发展需要“多链重构”

2015 年之后，由于外部市场不景气，国内人工、土地成本高启，第二产业对 GDP 增长的贡献率下滑至第二位，服务业成为拉动经济增长的新引擎。

各种因素综合叠加，使得制造业的粗放式增长无以为继，经营导向由追求数量向质量转变，速度向效率转变，规模向效益转变，“降本增效”“提质增效”成为企业的内在诉求。

发展初期，企业只要看准行业发展趋势，运营基本无忧，粗放式增长方式下，大家只顾快速向前冲锋，无暇顾及左右。眼下，物流业发展进入新常态，市场环境已发生变化，存量博弈要求企业开展精益化运营管理，企业需要整合产业上下游、协同供应链各个环节、优化内部节点管控，从而提升经营效率、降低运营成本。

2. “多链重构”的定义

“多链”是指与企业经营紧密相关的产业链、供应链、价值链，三者既有区别又有联系。

产业链是指某一领域各相关行业之间基于一定的技术经济关联，并依据特定的逻辑和时空布局，形成的链条式关联形态。

供应链是指生产及流通过程中，核心企业，原材料供应商、制造商、分销商、零售商直到最终用户等通过上游和（或）下游成员连接形成的网链结构。

价值链是指从原材料加工到产成品到达最终用户所有环节，产生价值的一系列活动。

产业链、供应链、价值链三条链式关系，反映了企业内外部经济活动，从不同维度或层面串联企业的原材料供应、研发设计、生产制造、流通物流、信息传递、品牌推广、分销零售、结算支付等环节。因此，对任何一个链条进行重构，必然会涉及其他环节，离不开其他链条的协同调整。

“多链重构”是指以增强客户核心竞争力与盈利能力为出发点，协同上下游或相关企业，整合链条上利益相关者的业务活动，优化企业生产及销售流程，为客户提供物流、商流、信息流、资金流的整合和优化解决方案，协助客户建立高效、通透、最优的多链协同体系。

多链重构，对于提升企业竞争力有明显作用，是企业核心竞争力的有力保障，主要体现在以下 5 个方面：

- 减少外部环境的不确定性，增强抗风险能力。
- 降低企业交易成本与整体物流成本，提高资源利用率。
- 提高企业对目标市场的控制力。
- 提升企业对链条的竞争力。
- 改善客户服务体验。

小米无疑是应用“多链重构”理念提升企业竞争力的典范。2013 年以来，小米生态链已拥有上百家公司，品类从原先的移动电源、手环等硬件产品，拓展到毛巾、电动牙刷等生活消费品。小米生态链的发展模式为：选择市场竞争格局未定的行业，股权投资领域企业。投资标的企业的选择标准通常是企业创始人为行业龙头企业的资深研发人员，即注重企业的技术研发基因；股权投资完成后，即在研发设计、供应链、营销渠道、专利知识产权等方面扶持生态链企业。具体操作方法如下。

产业链方面，小米通过减少中间环节，重新设计产业链，继而加快资金流转，打造价格优势。小米通过高效率的运营模式最大限度提升产业链流通性、压低成本、提升产品性价比。小米的竹林生态模式，汇集了电视、空调、洗衣机、台灯、手环、空气净化器、净水器、电动滑板车、扫地机器人、电饭煲、投影仪等众多IOT产品。小米借助这些生态链企业进入数十个细分市场，并通过小米手机及物联网信息系统串联，形成虚拟的产业集群，形成更强的市场竞争力。

供应链方面，小米按需定制，产成品周转速度快，库存接近于0，并携各生态链企业向上游供应商集中订货，从而实现规模效应，降低生产成本；由于显示屏、芯片、电池、电容电阻、AR内容等产品或服务，是众多生态链企业所共同需要，集约各生态链企业的采购需求，形成大订单，提升议价能力，有助于获得有利的采购价格。销售端方面，小米线上线下均主要采取直销策略，减少分销商额外的价格加成；开展共同的广告营销，提升营销费用的效用，生态链企业的产品通过搭乘小米品牌及渠道快车，得以较低的广告费用实现更好的推广效果。

价值链方面，小米采用“轻资产”运营模式，将主要精力放在产品研发设计、品牌推广、销售及客户服务等高附加值环节上，而将生产制造与物流环节外包于专业供应商。搭建IOT开发者平台，面向智能家电、智能家居、健康可穿戴、出行车载等多个智能领域，为生态链企业的开发者提供智能硬件接入、智能硬件通知、自动化场景、AI技术等资源，实现开发资源价值的最大化。

正是通过产业链、供应链、价值链的多维重构，小米构建了一个属于自己的商业模式，构筑了一条商业护城河。小米因此创造了业内奇迹，成为大家研究与学习的楷模。

3. 多链重构方案：快消品多行业分销体系重构项目

多链重构是一个新概念，初次接触较难理解，下面介绍一个多链重构的实操范例，以便大家有一个具体、直观感受。

（1）项目背景

首先，快消品可细分为日化、食品、饮料、酒类等多个子行业，商品特性相对而言比较接近，流通渠道也较为相似。但是，在传统供应链中，存在大量的并行主体，各快消品制造商或代理商均建立了自己的仓配体系，物流体系各自独立且重复浪费。这些具有相似或同质需求的个体，如果彼此可以协作并交由专业机构管理，成本上显然优于其各自为政。

其次，传统供应链模式下，品牌制造商与下游企业联动性差。通常情况下，制造商无法与下游企业建立快速沟通渠道，无法快速了解、准确预知下游企业的销售情况；只能被动接收信息，难以提前做好原材料采购、生产排期、渠道备货等工作，库存优化无从谈起。

最后，由于无法优化库存管理，企业容易出现无效备货或商品短缺的情况。要么库存压力大，占用大量流动资金；要么铺货不及时，丧失最佳市场销售机会。

（2）多链重构解决方案

重构前，同一区域市场，酒类、食品、饮料等快消品牌制造商的部分上游原材料供应渠道重复，如谷物、食品添加剂、外包装材料及设备等；分销仓、电商仓、渠道商、零售终端、消费者等节点有较大范围的重叠。

针对酒类、食品、饮料等快消品的同质化及重复浪费的问题，某合同物流企业设计了一套切实可行的多链重构解决方案。

第一步，联合当地行业协会等具有号召力、公信力的组织机构，协同制造商或代理商成立合资实体平台，统合当地原有的快消品企业或代理商物流体系，包含线上线下、仓运配的融合，实现协同式供应链库存管理（CPFR）。

第二步，集合原辅材料、包装材料订单，实现规模化集采，获取优惠的采购价格，降低企业生产成本。

第三步，以制造商或代理商的库存为保证，以零售门店交易数据为凭证，为上下游提供仓单质押、应收款项融资、预付款项融资等供应链金融服务，缓解企业流动资金压力。

第四步，将平台打造成为综合服务共享中心，除以上三项服务外，同时为有跨境进口业务的企业提供保税区通关、清关结算等服务；提供可循环使用的绿色环保单元化装载器物，缩短装卸搬运时间，提高效率；应用区块链技术为企业提供智能合约、防伪溯源、物权认证等增值服务。

总而言之，该解决方案协同食品、饮料、酒类等行业，实现产业链的整合；同时，将制造商、渠道商、供应商、物流商、金融服务商等供应链链条上的利益相关方进行重构并建立新的关系。在此基础上，要求制造商或代理商在其内部重构组织和流程，以配合、适应新环境的要求。

（3）多链重构方案的效果

多链重构方案的实施，有效减少了物流设施的重复建设或投入，使上下游企业可以充分地利用资金，有效提高资源利用率。

多链重构方案的实施，使商品以更高效率从生产端流通至消费端，下游消费者与上游生产商之间的双向信息流通更加畅通，有助于生产者准确定位消费者偏好，组织创新并带动产品差异化，进而提高企业供应链的竞争力。

多链重构方案的实施，提高了仓库的利用率，提升了运输满载率，使人工、设备、资金等要素更有效地集约，同时企业对市场的反应能力得到加强，提高了信息流通速度，进而降低了企业整体运营成本。

多链重构方案的实施，减少了产、供、消之间不匹配、不协调等问题，促进了生产端与需求端之间的连接与融合；同时，由专业机构负责整体运作，可以确保服务质量的稳定性，双因素的叠加效应，可以改善消费者的体验。

二、多仓融合

消费者消费习惯的变化，让线下传统销售渠道遇到了前所未有的挑战，传统企业纷纷跳转线上渠道寻求突破。2015 年之后，互联网红利逐渐消退，线上获客成本飙升，倒逼电商巨头回防线下布局

家居建材行业除传统分销渠道、家居大卖场、电商渠道外，近几年又新增了家装平台公司 O2O 渠道。

润滑油企业开始注重与途虎、车发发这类汽车后市场平台合作，以开拓新的销售渠道。

化妆品企业则减少在超市百货渠道的投入，转而加大在电商渠道、CS 渠道（专营店）的布局。

数据显示，2018 年家电市场，电商渠道占比为 25%~30%，预计 2021 年将增长至 35%~40%；中小实体门店明显受到平台型渠道商及电商渠道的冲击与挤压，预计 2021 年市场份额占比将下滑至 22%~25%，约缩水 10 个百分点；与此同时，家装渠道、工程渠道崛起，挤占原有主流渠道的市场份额。

……

凡此种种，都在证明销售渠道向多元化、全渠道方向发展。渠道业态的裂变与分化正在加剧，单一渠道的重要性在下降，线上线下渠道的边界已相当模糊，技术推动渠道新老更替、结构分化和线上线下融合重构，渠道融合渐渐成为企业发展的刚需，多仓融合应运而生。多仓融合是一种基于订单集成的智能处理，为具有多平台、全渠道模式的客户提供库存融合、仓储服务资源共享、不同分拣模式并行、线上线下一站式订单履约交付服务。目的在于帮助客户高效便捷地实现“一盘货”管理；同时降低客户资金占用及整体物流成本，挖掘潜在利润。

1. 新零售呼唤多仓融合

新零售时代，企业通常既有线上电商渠道，又有线下实体分销商或终端门店；线上电商渠道有天猫、京东、苏宁易购、零售通、中商惠民、易久批等 B2C、B2B 平台。另外，企业商品可分为成品、促销品、售后资材等多品类，对仓储管理有不同要求。

在消费端，消费者往往在电商平台浏览比较商品，再到线下门店现场体验；或者是在线下门店选择商品，再到线上电商平台查看评论进行比价。消费场景的界线不再明显，对消费者已不构成消费障碍；按渠道进行备货与库存管理，变得不再必要，甚至是一种浪费。

以往，线上线下渠道、电商平台各自备货，很容易出现一种渠道商品已售罄，另一种渠道却存货积压且无法及时调配的情况。如何协调不同渠道实现最优库存，合理快速调配货物？如何避免库存积压或缺断货？如何实现仓储成本效益最优……这些都是时下企业最关心的问题。

因此，多品类、多平台、全渠道的仓储需要整合；打通线上线下商品流，线上的订单可通过线下取货，线下渠道也可购买线上产品。合理集约资源，既可减少重复备货，又可整合数据便于进一步分析与优化。

2. 某大型 3C 家电企业多品类全渠道的多仓融合

（1）项目背景

融合前，该企业线上线下销售渠道独立备货，在华东地区 3 个城市设置了 5 个仓库，分别存放成品、售后资材、促销品等不同品类商品，SKU 众多。因为分属不同物流供应商管理，信息交流不顺畅，管理协调难度大。

同时，分仓模式导致高成本、低效率、管理难度大等问题。

首先，重复备货库存高。分开外包模式下，为不同销售渠道重复备货，库存量过高导致资金占用大，企业现金流压力大；库存量不足则易致缺货，市场需求无法满足。

其次，资源分散作业效率低。仓库人员和设备资源分开配置，波峰、波谷需求无法平衡，作业效率低，资源投入大，管理成本高。

最后，数据离散，分析管理难度大。业务数据分散于不同系统，数据分析和管理难度大。

（2）多仓融合解决方案

首先，整合信息技术系统。搬仓后，更换原有三家不同物流服务商的信息系统，统一仓储管理系统；同时进行针对性的二次开发，对接不同平台的订单信息，满足 B2B、B2b、B2C 等不同订单模式下的作业管理。

其次，使用多种存储、分拣模式，分库区管理。使用 4 种存储容器、5 种存储模式、2 种分拣模式，以满足整托、箱拣、零拣等不同出入库作业的需要。

再次，应用多种仓储作业设备。多仓融合作业较复杂，为不影响仓储效率，作业中应用射频设备、CBM 称重机、流水线、PTL 电子播种墙、电子看板等多种仓储作业设备，减少人工作业，提升作业效率。

最后，优化现场运营管理。明确作业模块并推行标准化，对作业与人员进行整合；统合现场操作技能，减少专向岗位，实现一人多能，提升人效产出；定期回顾作业流程，持续优化并在信息系统上加以固化。

（3）多仓融合效果

多仓融合的功效主要体现在以下几个方面：首先，有效减少了仓库面积，降低了仓租成本。该 3C 家电企业实施多仓融合后，仓库使用面积减少了超 1 万平方米。

其次，人员与设备效率的提升。多仓融合后，该企业人员与设备均实现了集约化，加上仓储设备、人员技能、作业流程的优化，人员效率提升了 40%、设备效率提升了 18%。

再次，占用的库存资金下降、库存周转率上升。多品类全渠道融合后，该企业不再重复备货，一仓即可以满足多个渠道的订单履约要求，库存资金占用降低了10%，库存的减少又帮助库存周转率提升了25%。

最后，通过努力，该多仓融合解决方案帮助客户每年减少1100万元的费用支出，成为一个新的利润增长点。

三、商流物流一体化服务

近年来，一些物流企业收入增速慢于成本增速，利润空间缩小，需开拓新的利润来源。有货者为王，商品在从生产者向消费者传递过程中必然产生物流需求。因此，物流企业可通过商流带动物流，增加客户黏性。

B2B电商进入3.0时代后，不仅局限于线上交易服务，还将延伸至仓储、配送、换退货等线下服务，从“交易闭环”向“交付闭环”转变，而商流物流一体化服务顺应了交易闭环到交付闭环的发展趋势。

物流企业可以商流为契机，打通供应链上下游环节，为买卖双方提供包括仓储物流、数据分析、金融信贷等在内的供应链一体化服务，以实现产业赋能，构筑供应链一体化服务能力，形成核心竞争力。

基于以上原因，部分物流供应链企业正在探索商流物流一体化服务模式，以期提升经营效益。

从各方的实践来看，商流物流一体化服务主要有三种模式：交易模式、服务模式和综合模式。交易模式为买断式，即企业购进商品再出售，赚取商品差价，物流服务为辅助，代表企业有京东新通路、怡亚通；服务模式为企业搭建平台，赚取平台服务费、物流费，代表企业有零售通、益商物流；综合模式为企业既搭平台，又发展自有品牌商品，既赚物流费，也赚产品差价，代表企业有山东华奥集团。

1. 交易模式：以京东新通路为例

京东新通路事业部成立于2015年底，当年被列为京东集团的“火车头 1 号”项目。截至 2017 年底，京东新通路服务中小门店数量超过 50 万家；合作的主流大品牌超过 1000 个，区域品牌 300 余个。计划覆盖 100 万家中小门店，其中包括 5 万家京东便利店；同时，进军餐饮 B2B 领域，扩大业务范围。2018 年 3 月，开启联合仓配模式，截至 2018 年 6 月，已有近 1000 家联合仓入驻，联合仓配业务覆盖超过 500 个区县、20%的掌柜宝用户。

京东新通路主要布局三四线城市，渠道上侧重于三四线城市甚至农村市场。京东新通路以自营模式为主，品牌商的产品通过新通路平台，跨越经销商和分销商，直达终端门店。一方面提高了商品周转效率，降低流通成本，让利中小门店；另一方面为品牌商节约了宣传费用，同时可预防假冒伪劣商品、“山寨”商品等问题。

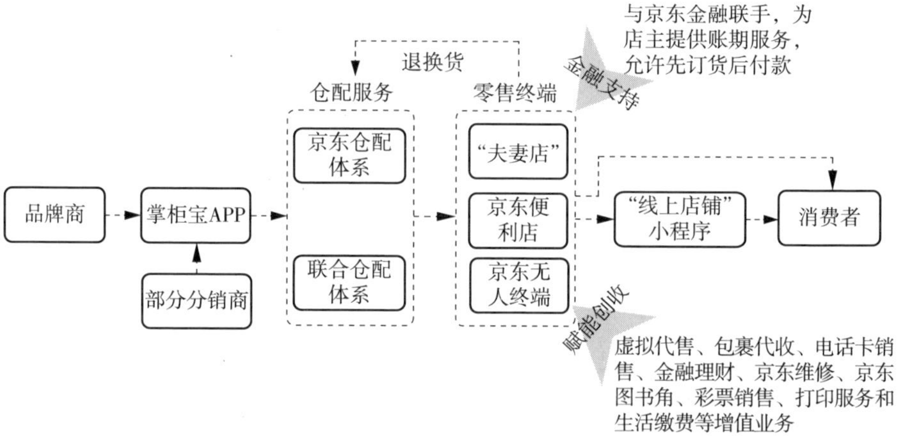

图 7-1　京东新通路模式

京东集团通过京东新通路这一平台，将品牌商商品批发给“夫妻店”、便利店等零售终端，赚取进销差价。对于品牌商而言，将商品出售给京东新通路，无须操心其他环节，后续的推广、销售、物流、回款等全部由京东新通路负责。

交易的关键在于商品实现交易，一旦商品不适销形成库存，京东新通路不仅无法取得收益，还要承担仓储费用。因此，京东新通路非常注重零售终端的开拓、运营与管理，一方面开设京东便利店、京东无人终端，加强对零售终端的把控力；另一方面提供线上店铺小程序、提供账期金融服务、各类增值业务，为零售终端赋能。

2. 服务模式：以益商物流为例

山东烟台的益商物流，前身是烟台宗信食品公司（代理分销食品），于 2002 年转型为物流服务商，2011 年开始涉足同城快消品统销统仓统配领域。目前，益商物流已联合烟台市当地经销商 300 多家，配送服务范围覆盖烟台市 5000 余家零售终端，并将业务拓展至山东省潍坊市。

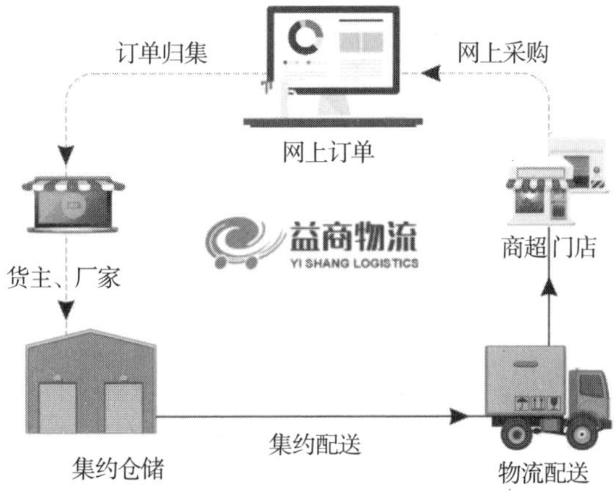

图 7-2　益商物流模式

益商物流开展商流业务的平台为“万商购”，这是一个以经销商和零售店为主体的 B2B 流通电商平台。简单来说，其商业模式就是零售店在万商购平台上选择各经销商的货物，而各经销商的货物由万商购统一仓储、统一集单、统一分拣、统一装车、统一配送、统一收款。

益商物流整合当地数百家经销商，提供 B2B 线上交易与统仓共配服务，提升了传统分销体系的订货效率和服务体验，并降低了经销商运营成本；而益商物流向入驻平台的经销商收取服务费及相应的仓配费用，平台服务费为商品交易额的 3%。

益商物流这种统销统仓统配服务模式之所以取得成功，关键在于其取得了当地经销商的信任与认可。一方面益商公司让当地经销商确信其不会抢夺其下游资源；另一方面益商物流的统仓统配能力得到了当地经销商的认可，确信统仓统配可以有效提升效率与降低成本。

3. 综合模式：以山东华奥为例

山东华奥集团成立于 2004 年，前身是成立于 2003 年的淄博华奥物流有限公司。目前的华奥集团是一家集物流、电子商务、商贸、供应链管理、供应链金融服务为一体的综合性企业，主要围绕周村家居产业开展业务，通过 B2B2C 模式及商贸物流一体化，以商流带动物流。

首先，山东华奥依托线下采购团、家具采购会、电商家居产业基地、销地体验店等渠道，促成销售。这些渠道撮合的销售订单由华奥集团负责运输配送，华奥集团由此获得物流服务收益。

其次，山东华奥在销地成立终端仓，承担当地家具产品的配送、安装、维修等业务，并收取相应的服务费用。

最后，山东华奥借助子公司——淄博奥术商贸有限公司，创立自有家居品牌，设计、生产并销售台布、餐垫、罩巾等家居用品，赚取差价。

以华奥集团为代表多的综合模式有以下三个关键因素：

一是当地有知名的产业集群。华奥集团所在的周村是全国五大家居产业集散地之一，相关企业超过 4000 家，产值约 500 亿元。

二是有能力建设多元的 To B 销售渠道，且有较高的撮合交易能力。以线下采购团这一销售渠道为例，2014 年至 2015 年 8 月，仅山西省，山东华奥物流集团便组织了 15 批次考察团到周村家具生产企业考察订购，家具成交额为 8600 万元；按 8%的物流费用率计算，物流服务收入约 688 万元。

三是发展与客户不冲突的产品品牌，且有品牌运营与管理能力。华奥集团自营的主要是台布、餐垫、罩巾等家居配套（饰）用品，月平均销售额 400 万元左右，经营能力较强。

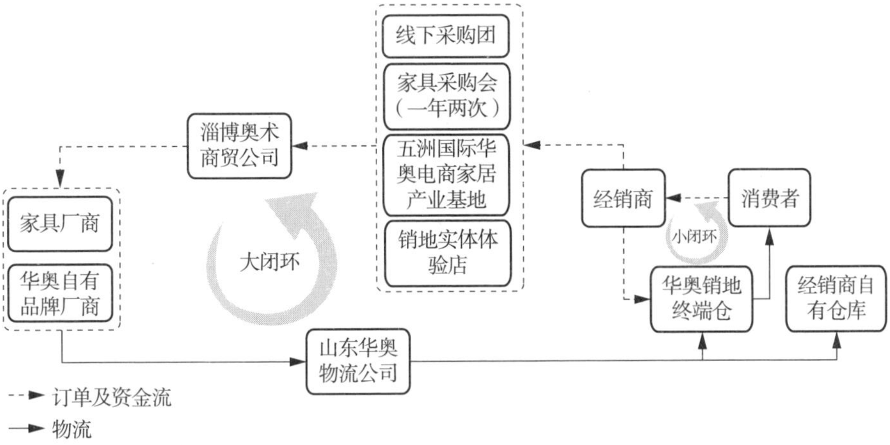

图 7-3 华奥集团模式

四、“两业”深度融合

2019 年 11 月，国家发展改革委等 15 部门联合印发的《关于推动先进制造业和现代服务业深度融合发展的实施意见》（以下简称《实施意见》）（发改产业〔2019〕1762 号），指出：“先进制造业和现代服务业融合是顺应新一轮科技革命和产业变革，增强制造业核心竞争力、培育现代产业体系、实现高质量发展的重要途径。”《实施意见》强调提及“优化供应链管理”相关内容，引导企业提升流通效率，形成高效协同、弹性安全、绿色可持续的智慧供应链网络；同时要求“促进现代物流和制造业高效融合”，鼓励物流外包，鼓励快递物流企业融入制造业采购、生产、仓储、分销、配送等环节，协同发展，持续推进降本增效。

1. 现代物流为什么要与制造业融合？

现代物流服务作为现代服务业的重要组成部分，理应得到应有的关注与重视。不过一段时间，人们的眼球更多地为电子商务、O2O、拼团、网红电商、社交电商、新零售等前端销售模式所吸引，反而低估了现代物流的重要性。如今，电商平台已不再局限于线上交易服务，而是延伸至仓储、配送、换退货等线下服务，从交易闭环向交付闭环转变，商流物流一体化服务顺应了从交易闭环到交付闭环的发展趋势；越来越多的企业正试图打通供应链上下游环节，为各利益相关方提供包括仓储物流、数据分析、金融信贷等在内的供应链一体化服务，以实现产业赋能，从而构筑供应链一体化的核心竞争力。

有经济学者预测此轮经济调整可能会持续到2023年，经济下行压力将持续存在。在经济大环境、消费行为变化、市场竞争加剧等多重因素的影响下，品牌厂商的经营如履薄冰，销售渠道面临着层层压力。这倒逼品牌厂商及渠道商将目光聚焦于后端的供应链，寻求物流环节的降本增效，向仓配效率要利润。

无论是线上电商平台，还是线下实体渠道，相继进入后红利时代，利润的挖掘需要品牌厂商及渠道商通过自我提升、供应链优化来实现。如今的商业竞争已不再是产品的竞争或渠道的竞争，而是企业供应链间的竞争。但是万变不离其宗，无论销售渠道如何变革，销售模式如何演化，商业的本质仍是以用户为中心，洞察用户需求，创造更优的消费体验；而这背后离不开送装协同、准时达、按约送等物流交付服务。简言之，离开商流，物流是无源之水，无法独立存在；离开物流，商品便无法送及消费者手中，犹如失去了轮胎的汽车，空有一副架子而已。商流与物流，二者缺一不可。

2. 谁来推进现代物流与制造业的高效融合？

《实施意见》指出，在推进“两业融合”过程中，要发挥多元化融合发展主体作用，其中既包含产业链龙头企业、行业骨干企业、专精特新中小微企业、平台型企业和机构，也包括高等院校、职业学校以及科研、咨询、金融、投资、知识产权等机构。不同类型的主体在推进“两业融合”中有不同的特点与优势，龙头企业作为行业领导者，将推动行业持续创新变革，引领产业链深度融合；平台型企业在构建产业生态圈中起到主导作用，整合多方资源，促进产销精准连接、高效畅通。目前，业内已有少数先锋企业开始践行“两业融合”，如美的“T+3”变革下的统仓统配、阿里零售通与康师傅传统经销体系的融合。

（1）美的“T+3”变革下的统仓统配

传统的生产、分销、以产定销模式弊端日渐凸显，效率低下，企业难以适应新形势的发展要求；传统模式下压货式销售掩盖市场真实现状、成品仓储面积较大且产生大量库存租金、订单交付周期长无法快速响应市场需求等问题。为破解这些难题，美的以用户需求为导向，开启“T+3”变革：要求以客户下单3天为始（T周期），经过3天物料备料周期（T+1周期），3天成品生产周期（T+2周期），3天物流发货周期（T+3周期），完成客户订单的交付。

“T+3”模式针对价值链各端的痛点，建立科学的销售预测和产销协同机制，提升客户消费体验，实现订单、产能、信息可视化，打通线上信息流，优化下线直发流程；同时，依托旗下的安得智联遍布全国的138个配送中心及约3000个送装网点，就近统合代理商、经销商，推动统仓统配，实现全渠道一盘货。安得智联以信息系统为基础，打通端到端流程，向计划前端及渠道后端双向延伸，借助统仓统配实现商流、物流、资金流、信息流的四流优化，助力物流从成本中心向价值中心转化。

美的“T+3”模式下的统仓统配，在商流上，将经销商从物流中解放出来，使其专注于业务开拓与门店服务，提升交易效率；在物流上，由安得智联提供更为专业的仓干配运作，提升订单履约能力，优化交付体验；在资金流上，由于经销商不再管理库存，同等业务量资金占压减少，提高了资金利用率；在信息流方面，线上线下全渠道订单信息集约化，数据更为及时、客观，产销环节更易于协同，降低了沟通成本。

要实现家电零售的高效流通，实现交付上的降本增效，则要求流通结构的扁平化，减少从生产线到消费者之间的中转及装卸次数。这一切的前提是建立一张覆盖全国绝大多数乡镇的仓干配物流网络体系，同时要创新物流模式，优化仓配效率，提升交付体验。

（2）阿里零售通赋能康师傅分销体系

阿里零售通始于2014年7月，2015年系统改版升级，2016年开始大举开展零售通业务。初期，阿里零售通设想省去中间流通环节，直接将商品供应到线下实体店，尤其是三四线城市，甚至镇村一级的实体店，一端连接品牌供应商，一端连接零售终端采购商。不难看出，“零售通”作为网络电商平台，起时意欲“去中间化”，减少流通层级与环节；但在运营过程中，出于风险、利益等原因，品牌厂商很难摒弃原有的分销体系。因此，阿里零售通后期逐步由取代者转变为平台赋能者，自身不参加交易，只为厂家与门店搭建高效率交易平台。

对于康师傅而言，以往只是将物流外包给了第三方，分销商流仍由其自己把控。在传统分销体系中，商品从工厂到门店的链条路径长，通常要经过三四个层级；品牌厂商一般只和代理商、经销商接触，对于末端门店的销售情况知之甚少，更不用说对最终消费者的感知了。链条路径长、数据断层等易致“牛鞭效应”。因此，康师傅希望借助数字化平台打通渠道链条、提升通路效率。

双方于2018年11月展开合作，康师傅借助阿里零售通平台推进包括门店、供应链、营销和决策数字化等在内的一系列升级优化，构建智能分销网络，使传统线下销售渠道接入“中央处理器”。具体操作方法为康师傅组织全国分销网络客户加入零售通平台，分销商向工厂下单、“夫妻店”向分销商下单均使用零售通的线上电商平台。货物视情况存入菜鸟系仓库；康师傅收到订单后借助区域仓、城市仓、前置仓等不同类型仓库，以较短时效送达门店。康师傅的商流、信息流、物流、资金流在阿里零售通体系中流转，物流链路变短，中转装卸次数减少，周转效率提高。

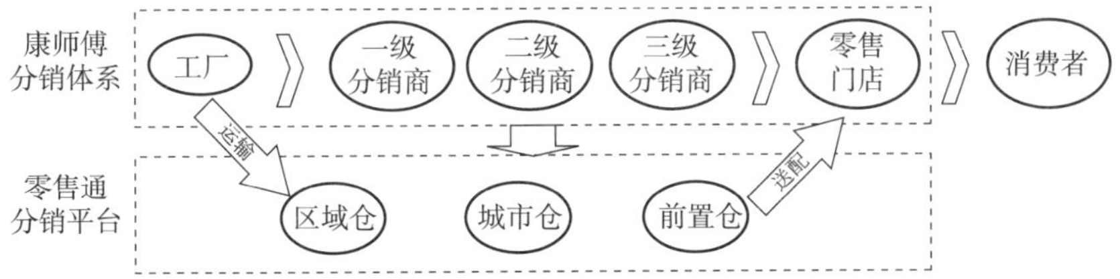

图 7-4 阿里零售通与康师傅的融合模式

无论销售模式创新如何出彩，最终仍需后端物流供应链的支撑，方能走得更远；市场前端处于低潮时，制造业更会将目光转向后端，以期通过物流供应链的精细化管理挖掘潜在的利润空间。经济新常态下，我们需要推进现代物流和制造业的高效融合。

五、制造型企业的供应链优化

当前，企业间的竞争已不仅仅是产品、渠道或品牌等局部的竞争，而是整个供应链的竞争。在降本增效诉求下，制造型企业（货主企业）该如何进行供应链优化？下面以 D 空调企业为例，为大家提供一些思路与借鉴。D 空调企业，曾经主动打响空调市场的价格战，空调销量增长超过 70%。后因业务方向不清，非相关性业务过多，导致其空调市场占有率徘徊不前，几乎被市场淡忘。

出人意料，D 空调企业于 2015 年重新崛起，2016 年、2017 年营业收入分别为 168 亿元、248 亿元，同比增长了 28. 9%、47. 1%，增速连续 3 年高于行业平均水平。另有数据显示，2018 年 1—8 月 D 空调企业内销货量同比增长超 36%，高于行业平均增幅。更为难得的是，在营收大幅增长的同时，毛利水平也呈上升趋势。

D 空调企业迅速成长为传统白色家电领域的巨头，截至 2018 年上半年，D 空调企业国内市场排名第四，市场份额与排名第三的 H 空调公司仅相差 0. 4 个百分点；而在电商渠道，D 空调企业以 29% 的市场份额稳居第一位。

在啧啧称奇的同时，人们不禁要问，D 空调企业快速崛起的原因是什么？概括来说，主要有以下三点：

一是产品力，产品追求性价比，定位中低端，价格亲民，但很注意品控。

二是渠道力，除积极进行渠道下沉以外，较早地布局了电商渠道。

三是供应链力，积极与平台型企业合作，优化和升级供应链。

在此，重点剖析 D 空调企业如何进行供应链优化，希望对物流企业有所启发。

1. 零部件多数自供，严控上游成本与品质

D 空调企业除压缩机全部外购外，其他零部件自供率达到 90% 以上，这让 D 空调企业在生产之前就可以进行品质把控，在成本管控这一块成为同行的佼佼者。

D 空调企业为了实现“金属条包边工艺”，曾于世界范围内寻找合适的供应商及相关解决方案。在遍寻无果的情况下，D 空调企业自行投资研发培养供应商，取得令人满意的结果。

对于其他上游供应商，D 空调企业打破以往一级供应商管理办法，建立五级供应商管理体系；不仅关注零部件的品质，而且关注制造零部件原材料的品质，实现 100% 可追溯，将品控延伸至上游的上游。

同时，D 空调企业以强有力的议价能力，采用先发货后付款的结算方式（核心零部件压缩机有时会采用部分预付款），且大部分采用银行承兑汇票结算，账期为 30~60 天，大大优化了 D 空调企业的现金流。

2. 应用大数据，降低缺货率，提升周转率

消费者对于消费体验的要求日益提高，但随着线上红利的逐渐下滑，整个供应链效率也在下降。为此，就要打通商家与平台的供应链，以准确

的市场预估来提升供应链效率。D 空调企业于 2018 年 3 月开启智慧供应链优化项目，并与 A 公司合作，借助对方的技术团队，上线 D 空调企业供应链优化 1.0 版，市场预测准确率达到 70%以上。

通过准确预测行情，优化仓网布局并提前备货，D 空调企业原来销售旺季缺货比较严重的几个地区，2018 年缺货率下降了 10%，货物周转率提升了近 40%；D 空调企业宣称，与 A 公司合作后，整体仓储费用下降了近 20%。

3. “一盘货”管理模式打通多渠道，减少库存占用

随着 D 空调企业线上销售渠道的日益壮大，其与线下传统分销体系的冲突也越来越明显。在多渠道下，D 空调企业要对电商、分销商、大卖场等不同的销售渠道配置相应的库存，存在重复备货且调拨不便的问题，资金占用大且影响商品周转效率。

为解决这一棘手问题，D 空调企业 2016 年底与 B 公司合作，向其开放生产、销售、库存、售后等数据，借助 B 公司的技术力量和仓配资源，打造“一盘货”管理模式，多渠道库存统一调配，实现“一个品牌一套库存，一条供应链”，实时跟踪和控制渠道库存。

“一盘货”模式的核心是减少备货与库存统一调配，经销商不再需要为库存费心，可以专注于市场开拓。“一盘货”模式下，商品可以快速入库，迅速出货；经销商通过“勤进快销”，减少了库存占用。

4. 优化标准作业程序（SOP），提升供应链整体效率

D 空调企业通过梳理，发现原来的电商渠道供应链共有 18 个节点，完成一次完整的供应链流程需要 33 个小时。为了提升供应链整体效率，向供应链要利润，D 空调企业与 A 公司一起重新调整了供应链 SOP，将原本需要 2 个多小时的排产仓储环节缩减到 0.1 个小时，将原本需要 11 个小时的配送环节缩减到 0.8 个小时，将原本需要 20 个小时的签收环节缩减到 0.5

个小时。

优化之后，D空调企业的电商渠道供应链只剩下6个节点，走完整个流程只需要1.4个小时，大大提升了供应链的整体效率。

5. 完善售后服务，改善消费者体验

新零售时代，消费者需求与体验是企业应重点关注的问题。对于空调这类大件家电，除产品功能、品质之外，消费者最关心的便是配送、安装、维修、换退货等售后服务。

为了让消费者获得良好的消费体验，D空调企业一方面自行构建了近万个售后服务网点；另一方面借助C公司的191个售后服务中心、5500个售后服务网点，共同搭建空调售后服务标准化平台，提升服务能力。

在此基础上，D空调企业2018年在业内首提“60天不满意退货”“0元安装、6免服务”售后服务标准，以高规格的售后服务，改善消费体验。

六、合同物流的平台化

平台模式是平台企业通过构建多主体共享的商业生态系统，借助网络效应以实现多主体共赢的一种策略。这种模式下，平台企业为供需双方提供各种服务，向供应商反馈客户需求；同时把供应商产品（服务）传递给客户，获取相应收益。2019年8月，国务院办公厅印发了《关于促进平台经济规范健康发展的指导意见》（国办发〔2019〕38号），明确提出互联网平台经济是生产力新的组织方式，是经济发展新动能，对优化资源配置、促进跨界融通发展、推动产业升级都有重要作用，要求深化“放管服”改革，鼓励发展平台经济新业态。

伴随数字化的高速发展，平台经济不仅深入改变了普通消费者的生活方式，而且重塑了零售、消费品、物流等众多行业的业务模式和竞争格局。在经济下行压力下，货主企业对物流成本控制的需求日渐强烈。近年来，物流企业业务收入增速略低于成本增速，利润空间变窄，甚至出现增收不增利的情况。因此，合同物流企业纷纷寻求降本增效、转型升级的路径与突破口，希望打破天花板，让企业保持长青，平台化便是主要手段之一。

1. 合同物流平台化路径

随着互联网的发展，产业互联网逐渐成为热门话题，物流“互联网+”也不例外，并催生了各类物流平台。物流平台从开始的车货匹配、SaaS、TMS 等纯轻资产模式，逐步深入契合或嵌入线下业务运作层面，甚至推出针对不同行业的物流解决方案。在平台化的发展演进过程中，合同物流的平台化路径主要有两类：一是资源整合；二是信息整合。

资源整合类物流平台，可以分为运力资源整合与仓储资源整合两大类。运力资源整合平台有路歌、卡行天下、运去哪、运个货等平台，集合众多司机、车辆、船东、线路等资源，为第三方物流企业、中小型货主企业提供了基于运力的物流解决方案。例如，一年内获得 4 笔融资的运个货平台，积累了约 1.2 万名集装箱卡车司机以及超过 40 万条航线，为众多客户提供了多式联运解决方案。仓储资源整合平台主要有物联云仓、易代储、奥玛物流仓储联盟等平台，汇集了全国或海外的仓库资源，包含常温库、冷库、高台库、立体库、丙类库等多种类型仓库，并逐步形成租赁、托管、仓配一体等不同服务内容。例如，物联云仓在线的仓库园区超过 6600 个，在线的仓库资源接近 3 亿平方米，业务覆盖全国 216 个城市，在此基础上逐步衍生出仓配一体运营、物资供应链、供应链金融等服务。

信息整合类物流平台主要为物流订单整合平台，目前主要有两类平台：一类是快递订单整合平台，以菜鸟网络为典型代表，通过电子面单、数据接口等技术手段，汇总了三通一达、百世的大量快递订单。菜鸟网络未来将借助“溪鸟”这一子品牌，整合县域快递物流市场，为国内快递行业提供面向三四线以下城市的共同配送技术平台服务；以此优化快递行业的配送成本，并和阿里巴巴集团业务紧密协同，为县域农产品企业提供基于仓储配送“一揽子”供应链解决方案。另一类是统仓统配平台，以核心企业的强号召力，整合经销商端的配送订单，在解放经销商双手的同时，形成区域规模效应，实现降本增效。例如，零售通通过线上订单管理系统加持菜鸟仓配资源，赋能货主企业的传统线下分销体系；美的在“T+3”模式的牵引下，依托安得智联的物流体系，回收整合各级经销商的物流运作事项，推行“一盘货”统仓统配。

2. 合同物流平台化绕不开的问题

平台模式并不局限于信息匹配撮合，更多的是以价值创造为导向、以用户为中心、以扩张网络规模效应为重点，强调用户体验至上理念，凭借丰富的服务产品或业务功能来满足用户的需求，放大平台的价值。但是，管理咨询公司科尔尼认为，迈向平台化的道路面临着新兴的挑战：完全不同的企业能力要求、定义成功不同的标准与衡量维度、缺乏利用现有资产的认知等。走向平台化的过程中，合同物流企业面临种种困难，仍有不少绕不过去的问题需要正视。

一是规则标准问题。按照《网络平台道路货物运输经营管理暂行办法》的规定，网络货运平台不仅要进行交易撮合，还要承担承运人责任，对货物安全及顺利交付负责。因此，合同物流平台需要对服务范围、委托方式、业务承接要求、合作流程、保险要求、运力入驻门槛、服务评价等内容制定相应的规则标准，以降低沟通成本；同时，具备提升服务水平、服务结果的保障能力。

二是定价与认同问题。合同物流领域个性化需求比例高，不同的服务内容与服务标准很难统一定价，这对于平台的定价是一个巨大的挑战，最终的合作价格只能面议，价格的不透明会阻碍平台的进一步发展壮大。同时，合同物流企业面对的多半是大型货主企业，话语权较弱，即使可以测算出服务的价格标准，也不一定能得到合作方的认可，往往很难付诸实施。

三是快速到达规模效应临界点的问题。平台化的前期投入大，需要较长时间的培育，能否尽快到达规模效应临界点是一个关键问题。如果规模上不去，平台化的优势无法体现，企业将承受巨大资金压力，融资型企业则会面临无法融到下一轮资金的风险。对于合同物流，货主企业出于风险管控，一般不会将全部业务交由一家物流服务商来运作；同时，合同物流业务的开发周期较长，快速到达规模效应临界点是合同物流平台很难迈过去的一道坎。

四是客户采购方式改变的问题。对于合同物流来说，货主企业的采购方式仍以招标、议标为主，平台化采购的便捷优势无法发挥；要改变货主企业的采购方式，是一件极为困难的事情。集体决策则耗时费力，而且会涉及货主企业内部的风控、流程，甚至于私人利益等因素。

五是一体化解决方案能力的问题。单纯的线上交易撮合显然无法满足货主企业的需求，这就要求平台方既要有线上运营能力，又要有线下运作能力。目前的合同物流平台，多数很难兼具这方面的能力。新兴势力具有互联网基因，线上运营能力突出，但缺乏线下运作经验，接到业务订单往往也是转包；传统物流企业具备丰富的仓配运作经验与能力，但是线上运营能力弱，平台用户增长速度、活跃度、黏性等指标往往难如人意。

3. 物流平台走向规范化

2019 年 9 月，交通运输部、国家税务总局联合印发了《网络平台道路货物运输经营管理暂行办法》（以下简称《暂行办法》），旨在促进平台经济的规范健康发展，规范网络平台道路货物运输经营，维护道路货物运输市场秩序，促进物流业降本增效等。

《暂行办法》首先明确了网络货运经营不包括仅为托运人和实际承运人提供信息中介和交易撮合等服务的行为，即网络货运平台不再是简单的车货信息撮合，而是要对货运全程、运营结果负责。其次在监管模式上进一步完善，将施行常态化监测，将通过资金流比对、税务联网等手段加强对网络货运平台的监督；要求网络货运平台上的交易应有真实运作场景、实质运输行为、实时操作动作，不允许有先运作后导入订单信息等不规范行为。

早在 2019 年 5 月，交通运输部、人民银行、国家发展改革委、公安部、市场监管总局、银保监会 6 部门就联合印发了《交通运输新业态用户资金管理办法（试行）》，在用户资金收取、保障用户资金安全、加强用户资金监管等方面给出了具体的规定，进一步规范网络货运平台的资金管理，防范用户资金风险，促进网络货运平台的健康持续发展。

以上两项制度安排对合同物流平台同样具有约束力，利于促进合同物流平台逐步深入地契合或嵌入线下业务运作层面，逐步走向规范化。

合同物流平台化是物流市场的新业态，是合同物流企业转型升级或寻求高质量发展的路径尝试。虽然会遇到种种问题，但我们要以动态发展的眼光来看待新业态。未来，大型合同物流企业、物流资源方、大型货主企业、新锐科技公司有望合作找到多方共赢的融合路径，形成新型的合同物流平台，集约订单与运作资源，降低交易成本，提升经营效率效益，为平台的参与方创造更多价值。

第八章　供应链重构实战案例

一、何去何从的德邦快递

根据物流采购联合会的数据，中国 B2C 电商大件物流的年复合增长率超过 65%，成为继快递之后物流市场新的战略增长点。考虑大件物流市场的发展空间，德邦 2018 年 7 月举行战略发布会，宣布更名为德邦快递，确定其未来战略重心在于大件快递服务，目标为 3～60kg 这一区域市场。

2019 年 4 月 3 日，德邦快递公布了上市后的首份年度财报，2018 年营收约 230 亿元，扣非净利润约 4.6 亿元，同比 2017 年分别增长了 13.15% 和 45.29%，成绩喜人，形势一片大好。但是在 2019 年 4 月 29 日公布的 2019 年第一季度财务报告中，笔者发现，在营收同比增长 16%的情况下，2019 年第一季度德邦快递亏损了约 7245 万元。

经过知名咨询公司多轮调研分析，德邦高层慎重决策选定大件快递物流作为主战场，应该说大方向没有问题。但德邦快递为什么在 2018 年营收、利润喜人的情况下，2019 年第一季度发生 180 度大转折？原因主要有以下五点。

1. 货主企业普遍经营压力大

中国人民银行《2019 年第一季度企业家问卷调查报告》显示，2019 年第一季度企业家指数的各项数据同比上年第一季度均呈下降态势。

制造业 PMI 指数，2019 年 1—3 月均低于前两年同期。虽然 3 月数据重回荣枯线，但未到反弹或回暖水平。货主企业经营压力仍然较大，直接影响其出货量，对于降低物流费用仍持较高诉求。

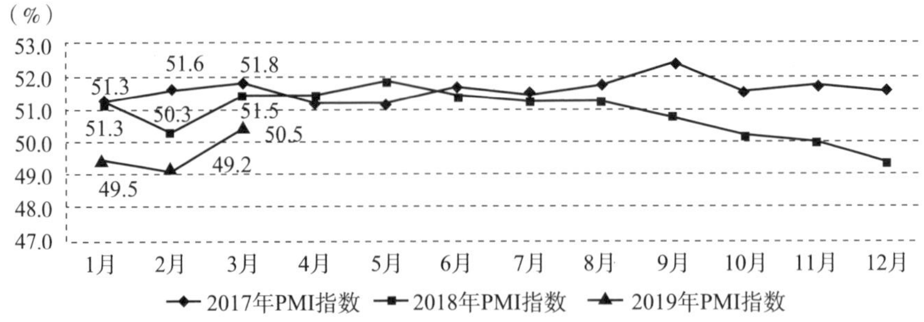

图 8-1　制造业 PMI 指数波动情况

2. 投入产出比有待考验

大件快递要做到送货上楼，对于几十公斤的商品，依靠人工很难实现。为此，德邦计划为送货员配备上楼机，每台上楼机成本估计为 5000~10000 元，如果给 1 万名送货员装备，光这一项就需要投入 0.5 亿~1 亿元。

为了配合“大件快递战略”，德邦设计了一套大小件融合的多层立体分拣系统，通过钢平台架高、同车位装卸、即卸即装等核心举措，实现上层分拣小件、下层操作大件，有效提升了场内流通效率和场地承载。该系统经过武汉转运场试点运行后，2018 年逐步在全国各场站推广应用。同时，德邦建立了家装平台，深入挖掘客户潜在需求，完善大件快递从揽件到上门安装链条，形成服务闭环。

以上投入在最新的财报中也有所体现：德邦快递 2019 年第一季度在购建固定资产、无形资产和其他长期资产方面支付的现金约 2.8 亿元，与上年同期相比增长了 62%。这对于一个现金流净额约为 16 亿元的公司来说，将会产生较大的现金流压力。

3. “最后一米”标准化难度高，规模效应差

德邦之所以快速成长为快运龙头，关键在于德邦的标准化程度较高；而大件快递在送货上楼、安装、回收等环节的服务较难标准化，德邦的优

势难以发挥。同时，这些环节的边际服务成本较高。送货员一天送货上楼的次数是有限的，随着业务量的快速增长，需要大量的送货人员，人力成本大幅上升，规模效应难以实现。

德邦快递 2018 年度财务报告显示，2018 年德邦的人工成本高达 97 亿元，同比增长了约 22%，占总成本的 49%。从德邦 2019 年第一季度财务报告中可以看到，第一季度的营业成本同比增长了 23.4%，比营业收入增速高了近 8 个百分点。这说明德邦在向大件快递物流市场进军过程中，由于末端服务难以标准化，导致人力成本迅速攀升，正严重侵蚀其利润。

表 8-1　德邦 2018 年、2019 年第一季度收入与成本

统计项	营业收入（亿元）	营业成本（亿元）	同比增长
2019 年 Q1	54.8	50.0	23.4%
2018 年 Q1	47.0	40.6	16.5%

4. 大件快递市场的竞争日渐激烈

首先，大件快递对于送装一体的要求日益增高，要求物流服务商具备运、存、配、装、修、收等一体化服务能力，对物流服务商的要求越来越高。

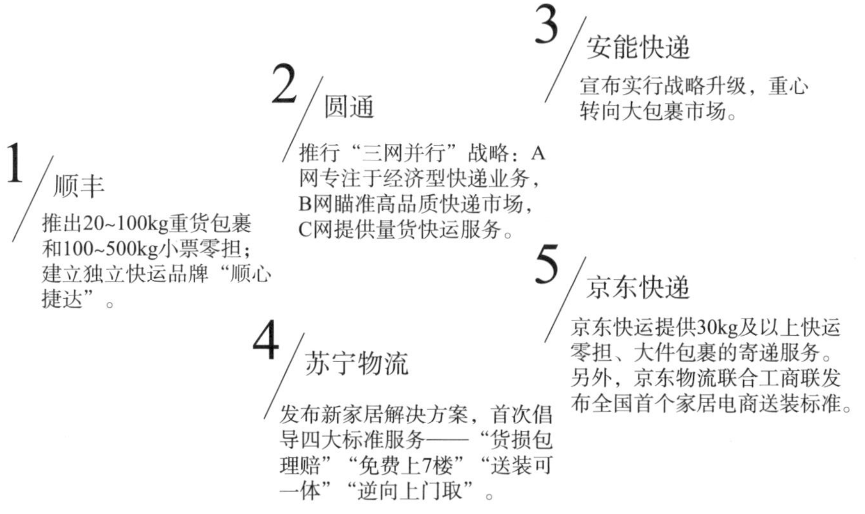

图 8-2　德邦大件快递业务的主要竞争者

其次，随着竞争者不断涌现，大件快递市场竞争日益激烈。2013 年德邦刚进入大件物流时，只有日日顺、苏宁物流、居家通等少数竞争对手。时至今日，顺丰、京东物流、圆通、安通快递等物流企业均已加入竞争行列，竞争对手推出的服务产品基本上覆盖了德邦大件快递的业务范围。

与京东物流、苏宁物流、日日顺等知名物流企业相比，德邦大件快递并不具备明显优势，具体数据如表 8-2 所示。

表 8-2　大件物流主要服务商对比

企业	覆盖区县城市	快递网点数量	仓储面积（万平方米）	可调配车辆（万）	服务亮点
德邦快递	—	10000	200	1	一体化的大件快递解决方案
京东物流	2655	6906	560	25	十项全能
苏宁物流	2810	20000	628	—	十二道金牌
日日顺	2915	6000	357	9	全网覆盖、到村入户
居家通	600+	3000	12 个收货仓	10	五位一体

5. 内忧不断，服务质量有待提升

自 2018 年 1 月德邦上市 14 个月内，先后有 4 名高管离职。高管频繁变动，是内部管理出现问题，还是其他，我们无从得知。但是管理团队不稳定，无疑会影响企业的健康发展。

在内忧不断、团队不稳定的情况下，德邦快递的服务质量也出现了波动。2019 年第一季度快递服务公众满意度调研数据显示，德邦快递得分为 75~76 分，不仅低于行业 77.6 分的平均水平，也低于德邦快递 2018 年同期的 76~80 分。用户对德邦快递的满意度本来就不高，这进一步加大了德邦快递的经营压力。

6. 德邦，何去何从？

大件快递物流赛道日渐拥挤，竞争逐步由价格转向价值、从规模转向效率效能竞争。为此，德邦快递宣称，以客户需求为导向，持续推进产品创新，提升客户体验，增强经营盈利能力，力争树立行业标杆。具体举措除大力发展快递业务以外，还针对特殊客户、特殊商品、特定场景的不同需求，推出针对性解决方案，并通过新系统、新技术、新设备的投入与应用，提升运营效率及服务品质。同时，强化“以客户为中心”理念，不断提升员工的服务水平和专业能力，提高客户满意度；不断优化组织架构、业务布局、物流网络，强化精益运营管理能力，提升持续盈利能力。

技术是物流行业发展的四大驱动元素之一，新技术、新设备、新系统的大规模应用是物流新周期的主要特征之一；物流行业正从劳动密集型向技术密集型转变，在技术应用方面的布局，是龙头企业形成竞争壁垒的重要手段，也是德邦必须坚持的战略之一。

德邦在多层立体分拣系统、上楼机、OCR 识别技术、德邦小 D 无人车、5G 应用试验等方面投入巨资，2018 年的研发费用达到 1.3 亿元。德邦技术创新与应用方面的投入，能否逐步被消化并形成生产力，转化为核心竞争力？最终答案只能由德邦快递自己来揭晓。

二、粤港澳大湾区物流供应链

2019 年 2 月，中共中央、国务院印发了《粤港澳大湾区发展规划纲要》（以下简称《规划纲要》），《规划纲要》确立的总体目标是到 2022 年，基本形成发展活力充沛、创新能力突出、产业结构优化、要素流动顺畅、生态环境优美的国际一流湾区和世界级城市群。

在《规划纲要》中，“交通”一词出现 30 次，“物流”出现 16 次，“运输”出现 10 次，“供应链”“流通”分别出现 3 次和 2 次，推动粤港澳大湾区现代物流业发展成为《规划纲要》的重要内容。

交通物流是经济发展的基础性、先导性因素，粤港澳大湾区的经济发展、产业升级离不开物流的支撑；“要想富先修路”的理念早已深入人心，将“大湾区”看作“大湾村”，再贴切不过了。《规划纲要》对于依托快速交通陆网、港口群、机场群，构建现代化的综合交通运输体系，设有专门章节进行阐述。

1. 打造湾区1小时物流圈

综观纽约湾区、东京湾区、旧金山湾区等全球知名大湾区，形成和发展一般都离不开港口群、机场群、公路网、铁路网、多式联运中心等交通物流基础设施的建设和支撑。如今，粤港澳大湾区正在努力构建湾区1小时物流圈，将其打造成为我国乃至全球最大的物流门户和枢纽，依托大湾区陆海空通道网络，高效辐射全球。

（1）快速交通陆网

2018年广东省完成高速公路项目里程共计769公里，目前广东全省高速公路总里程已超过9000公里，其中珠三角核心区高速公路密度达到8.5公里/百平方公里，位居世界前列。随着港珠澳大桥建设与通车，珠海与香港国际机场间的行车时间将由4小时缩减至约45分钟。另外，南沙大桥已于2019年4月建成通车，深中通道规划于2024年完成施工建设，届时两座珠江口的新干线通道将极大地方便珠江口东西两岸的货物流通。

在铁路方面，截至2018年2月底，广东省时速200公里及以上铁路里程为1542公里，全省已通高铁的地级市有16个；按规划到2020年，广东省高速铁路达到2319公里，占省内铁路总里程的43.4%。届时，高铁将覆盖全省21个地级市，从广州、深圳出发，1小时左右可达珠三角各城市，3小时左右可达周边省会城市，8小时左右可达包含北京在内的华北主要城市。

（2）港口群

粤港澳大湾区的港口呈现“大小港口错落、相互依存”格局，拥有深圳港、广州港、香港港三大国际性港口，整体上通行能力较大、水深条件较好。2018年，深圳港集装箱吞吐量为2573万标准集装箱，排名世界第4，广州港、香港港则分列第6位、第7位。

表 8-3 2018 年粤港澳大湾区主要港口吞吐量及全球排名

港口名称	吞吐量（万 TEU）	全球排名	其他信息
广州港	2140	6	南沙港区四期工程、近洋码头工程、南沙国际物流中心等项目在建设中
深圳港	2573	4	加大多式联运建设
香港港	1964	7	加强与广州港的协同发展
珠海港	231	—	目标 2020 年进入世界港口 50 强
东莞港	约 400	前 40	目标 2021 年吞吐量突破 500 万 TEU

数据来源：公开资料整理。

早在 2016 年，粤港澳大湾区港口货物吞吐量已达 15.98 亿吨，集装箱吞吐量 7460 万标准集装箱，全国占比分别为 18.34%和 34.58%；集装箱年吞吐量比纽约、旧金山、东京三个湾区的年吞吐量之和还要大。

（3）机场群

粤港澳大湾区机场群分布密集，区域内拥有香港、广州、深圳等大型航空枢纽，还有惠州平潭机场、潮汕机场、湛江机场等新干线机场，有望成为世界级机场群。

其中，香港国际机场是世界上最繁忙的货运枢纽，已开通 137 条国际航线，覆盖全球 100 多个国家、200 多个航点。在国际机场理事会发布的 2017 年全球机场货运吞吐量 20 强榜单中，香港国际机场以超过 500 万吨的货运量高居榜首；2018 年香港国际机场的货运总量增至 510 万吨，同比增加 1.5%。

广州白云国际机场拥有航线超过 300 条，航线网络覆盖全球约 220 个航点。2017 年，广州白云国际机场货运量为 178 万吨，在国际机场理事会发布的 2017 年全球机场货运吞吐量 20 强榜单中，排名第 18。按其规划，广州白云国际机场 2020 年货物吞吐量预计进入全球前 12 位；到 2025 年，国际航空枢纽打造成型，年货物吞吐量达到 350 万吨。

此外，为了满足未来客运、货运的增长需求，粤港澳大湾区多个机场均将改建或扩建。香港国际机场将兴建第三跑道和新航站楼，广州白云机场将修建第四、第五跑道和T3航站楼，未来还将新建一个珠三角枢纽机场（目前处于项目选址阶段）。

2. 湾区物流供应链的发展进入提速期

拥有现代化综合交通运输体系的粤港澳大湾区，区内物流供应链已具备相应的基础条件。通过《规划纲要》，可看到湾区物流供应链的发展已进入提速期，产业协同、贸易自由、投资便利等因素将为其配上新引擎。

（1）产业协同化

《规划纲要》提出，要加强湾区产业分工、对接与协作，促进湾区产业链上下游深度合作，建设具有国际竞争力的先进制造业基地。从产业结构来看，粤港澳大湾区内上下游产业供应链完备，产业之间存在一定梯度，有条件实现互补与错位发展。例如，深圳市的主导产业是电子信息产业，其优势在于总部经济效应强，技术研发与创新水平高；而东莞、惠州邻近深圳，电子信息产业主导优势也较为明显，且生产制造能力强，与深圳可以形成较好的产业协同。

产业的协同合作，既要有技术流、信息流、人才流和资金流的协同合作，也要有物流供应链的支撑。物流供应链企业或平台，既可以帮助货主企业做好上游的寻源采购，通过集约采购降低采购成本；又能帮助货主企业搭建B2B2C流通链条，助其从“产品为核心”向“用户为核心”转变，并有效整合流通各环节资源，实现产销协同，提升其市场感知力和市场掌控力。换个角度来说，产业链上下游深度合作的推进，要求湾区提升一体化程度，减少要素流动的障碍，提升货主企业对于物流供应链服务的需求。

此外，物流业内部要借助协同化提升效率、效益。例如，香港物流企业有丰富的国际物流管理经验，熟悉国际惯例，且香港金融服务业发达；而内地仓储配套资源相对充沛，且市场规模诱人。因此，内地与香港的物流企业可以协同合作，打造直通线路。货物在深圳、东莞、珠海等地进行集中处理再转运至相应目的地；同时，借助香港高度发达的金融业，降低物流企业资金成本、提升供应链运营效率。

（2）贸易自由化

粤港澳大湾区不仅是珠江口的湾区，而且是对接“一带一路”建设的重要平台和门户枢纽，是国际贸易的重要窗口。因此，《规划纲要》提出要通过推行便利通关模式，建设全球进出口商品质量溯源中心，落实《关于建立更紧密经贸关系的安排》（CEPA），制定与国际接轨的服务业标准化体系等措施，减少流通限制，推动湾区贸易自由化。

我们知道，先有商流后有物流，商品交易自然会带来物流需求，商流带动物流；有货者为王，物流依附于商流而发展。因此，随着贸易自由化程度的提升，多边商品交易额将逐步提高，进而带动物流业的发展。

广东省统计局的数据显示，2018 年广东省对“一带一路”国家累计进出口额增长 7.3%，其中越南增长 32.3%，俄罗斯增长 22.1%。同时，跨境电商进出口额比 2017 年增长 72%。

而据中金公司的数据，2017 年粤港澳大湾区货物出口金额约为 6000 亿美元，占 2017 年全国出口额的 26%；同时，粤港澳大湾区进口金额接近 4000 亿美元，占 2017 年全国进口额的 20%左右。

粤港澳大湾区是我国进出口货物集散的重要节点，为抓住大湾区双向跨境贸易中的发展机会，物流企业纷纷进行布局，如顺丰控股与 UPS 在香港成立合资公司，共同开发和提供国际物流产品；中通快递与土耳其航空、太平洋航空成立合资公司，布局开拓全球空运服务；京东物流在珠海设立国际快件监管中心，航运、陆运分拣转运中心等配套设施，打造集跨境、海外直采、国际快递的综合性智能口岸。

（3）投资便利化

在《规划纲要》中，明确在航运、物流、铁路运输等领域实施特别开放措施，研究进一步取消或放宽对港澳投资者的资质要求、持股比例、行业准入等限制，提升投资便利化水平，使港澳专业人士与企业在内地更多领域从业投资营商享受同等待遇。

随着阻碍港澳资本进入大湾区的因素逐步破除，未来港澳资本在大湾区将获得更好的营商环境，越来越多的资本将进入湾区物流供应链领域，促进该领域的竞争与合作。一方面，香港的先进物流模式与经验进入大湾区，内地物流供应链企业要在压力中寻求更好的发展机会，通过竞争促进行业的进阶发展；另一方面，有利于内资与外资的自由流动，有助于内地、香港、澳门物流企业的深度合作，发挥各自优势，提升我国物流供应链企业的国际竞争力。

以香港仓储业为例，由于仓储需求旺盛，多年来香港本地仓库的空置率始终在1%以下，且有逐步走低的趋势；同时，香港土地资源稀缺，仓储用地供不应求，推高了香港的仓库租金，高力国际认为未来香港物流仓储租金价格还将上涨。新增供应量有限、租金的持续增高，迫使企业不得不将仓库向北迁移至深圳、东莞；而从香港新建仓储地理位置的变迁轨迹，我们能清晰地观察到这种变化趋势。在粤港澳大湾区一体化程度逐渐提高、跨境清关手续日渐简化、三地投资便利化水平日趋升高的大环境下，这种趋势将会日渐明显，会有越来越多的香港仓储企业来内地投资、发展。

3. 小结

综上所述，硬件方面，粤港澳大湾区将建设包含快速交通陆网、港口群、机场群等在内的现代化综合交通运输体系，构建一小时物流圈并高效辐射全球；软件方面，借助产业协同化、贸易自由化、投资便利化等有利因素，为粤港澳大湾区物流供应链发展安装上新引擎，粤港澳大湾区物流供应链将进入发展的提速期。

三、“数”落广州物流

从海上丝绸之路起点到繁华商都，再到重要中心城市、国际商贸中心和综合交通枢纽，广州这座千年商都可以说是长盛不衰。从物流层面来说，现在的广州市是全国三大综合交通枢纽之一，拥有广州白云国际机场、广州港、广州铁路枢纽、广州公路枢纽等重要基础设施，涵盖海、陆、空多种运输方式。

按照规划，2035 年广州将形成“双核一带”货运枢纽布局，支撑国家“一带一路”建设与粤港澳大湾区发展。“双核”指南沙核、机场核，围绕广州港南沙港区、广州白云国际机场打造两个货运物流特级枢纽，支持“一带一路”经济往来与粤港澳大湾区发展。“一带”是指环城带，即在广州主城区外围，结合产业聚集区的分布与建设，串联广州集装箱中心站、增城西物流基地、白云货站等铁路、公路货运枢纽站场，实现交通物流融合发展。

展望物流业的发展前景，首先要了解广州市物流市场的现状。为此，我们通过相关数据来“数”落一下广州的物流市场。

1. 广州货运物流概况

根据广州统计局的数据，广州市 2019 年 1—4 月的批发、零售业商品销售总额为 21743.75 亿元，同比增长了 9.3%；社会消费品零售总额为 3216.92 亿元，同比增长了 7.7%。消费的增长带动了物流业的快速发展，广州市同期邮政业务总量和快递业务总量分别增长了 36.9%和 35.5%。国家邮政局的数据显示，2019 年 1—4 月，广州市快递业务量累计超 17 亿件，占全国业务总量的 10%左右，位居全国各城市之首，千年商都名不虚传。

此外，广州市保税物流新业态发展较为迅速，数据显示，2019 年 1—4

月广州市以保税物流形式进出口的货物总值为315.5亿元，增长了32.3%，占全市进出口额的11.0%。

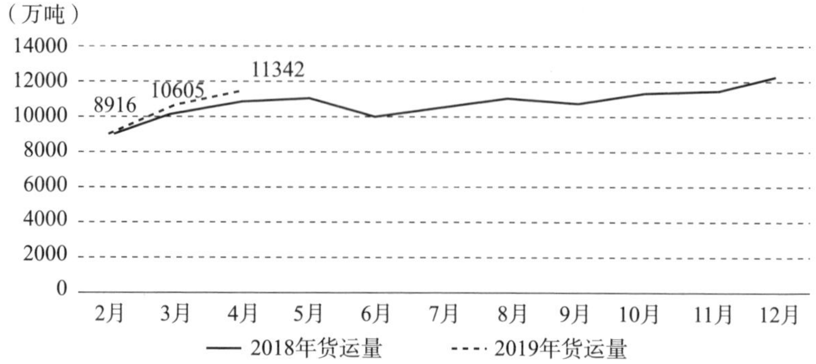

图8-3 广州市逐月货运量变化

资料来源：广州交通信息网。

来自广州交通信息网的数据显示，广州市每年货运量自2月低开后（1月无统计数据），基本是逐月走高，12月达到一年的峰值；2019年2—4月的货运量变化基本上也是沿着这一趋势发展，只是货运总量略高于2018年同期，同比增长了3.6%，说明广州货运市场保持稳定增长。

通过分析广州市货运结构数据，我们发现广州市物流市场以公路、水路运输为主，公路运输占比在64%左右，低于全行业整体水平；铁路运输占比一路走低，从2018年2月的3.9%降至2019年4月的1.2%，显然与国家推进的公转铁、调整运输结构方向不相符。为应对此局面，广州市规划建设铁路集装箱中心站，设有集装箱中心站、综合货场、快运和特货四大功能区，预计到2020年，该中心站发货总量将达到580万吨，2025年达到1870万吨，2035年达到2590万吨；同时，项目定位为具有海铁联运功能的综合物流园，总投资额为54亿元的广州南沙国际物流中心（北区）也于2018年8月动工。以上两个项目的建成运营将有助于广州市发展铁路货运业务，提升铁路运输的比重。

表 8-4　广州市货运结构变化

时间	公路运输	铁路运输	水路运输	民航运输
2018 年 2 月	60.4%	3.9%	35.6%	0.1%
2018 年 3 月	63.9%	4.7%	31.3%	0.1%
2018 年 4 月	63.4%	4.1%	32.4%	0.1%
2018 年 5 月	64.4%	1.6%	33.8%	0.1%
2018 年 6 月	65.4%	1.8%	32.7%	0.1%
2018 年 7 月	65.7%	1.6%	32.6%	0.1%
2018 年 8 月	65.0%	1.5%	33.4%	0.1%
2018 年 9 月	64.0%	1.3%	34.6%	0.1%
2018 年 10 月	67.2%	1.6%	31.1%	0.1%
2018 年 11 月	64.5%	1.5%	34.0%	0.1%
2018 年 12 月	65.9%	1.5%	32.5%	0.1
2019 年 1 月	—	—	—	—
2019 年 2 月	62.7%	1.5%	35.7%	0.1%
2019 年 3 月	65.3%	1.6%	33.0%	0.1%
2019 年 4 月	63.6%	1.2%	35.1%	0.1%

资料来源：广州交通信息网。

2. 广州物流绩效评价

依据中国物流与采购联合会、中国物流信息中心发布的《全国重点城市物流绩效第三方评价报告（2018 年）》，广州市物流绩效评价总分为 3.7 分（满分 5 分），全国总排名第 6 位，排名一线城市最后一位，而且落后于重庆和武汉。

为了进一步了解广州物流与领先城市的差距，笔者汇总了四个一线城市在不同维度上的绩效得分情况。从中可以看到，广州物流在物流需求、市场环境两个维度上处于劣势，是未来需要加强优化的方面。

物流需求维度主要考察人口总数、工业产值、进出口总额、线上线下

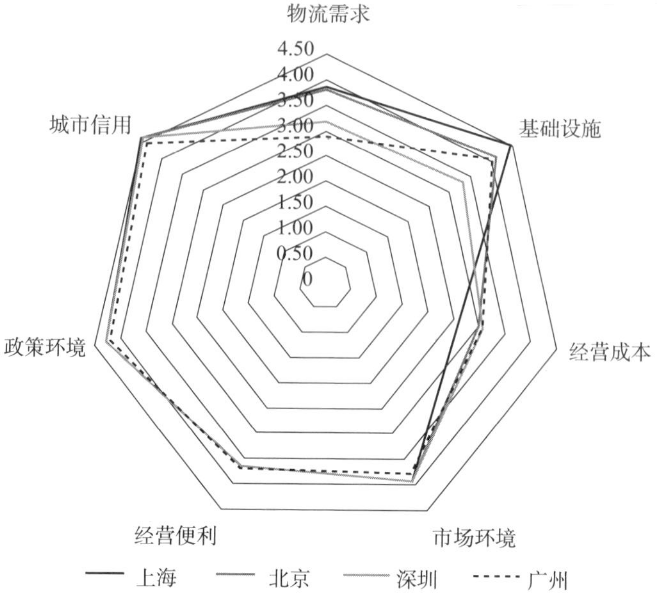

图 8-4　一线城市物流绩效对比

资料来源：中国物流信息中心。

消费额、企业数量等因素。目前。广州地区生产总值、社会消费品零售总额在一线城市中排名均靠后，需努力提升。但广州市拥有吞吐量排名全球第 6 的广州港和排名第 18 的白云国际机场，又地处海上丝绸之路的重要节点，未来在进出口物流方面将大有可为。

市场环境维度则主要考虑设施衔接性、国际物流能力、市场预期、产业竞争力、创新投入等因素。广州的港口、机场与铁路枢纽三者之间均相隔较远，如广州高铁南站距离白云国际机场 45 公里，最短衔接时间约 30 分钟，衔接度不高，不利于发展多式联运。为此，广州市规划在南沙港建设物流融合发展区，其中铁路场站面积 75. 86 公顷；另外，广州市将投资 152 亿元建设南沙港铁路，预计 2020 年 10 月建成，有望提升物流设施间的衔接性，增强多式联运能力。此外，创新投入也是广州物流需要重点关注的方面。根据中欧普洛斯供应链与服务创新中心的数据，广州的企业物流技术应用程度、商业创新便利性的得分均较低，未来应强调物流技术创新的重要性并对物流技术创新提供便捷度。

3. 广州的道路交通

随着新零售、新渠道的发展，客户对于“最后一公里”同城货运的要求与需求越来越高，同城货运越来越受到资本的青睐。但是，与干线运输相比，同城货运以少批量多批次为特征，对时效性要求较高，加上标准化难以实现，导致同城货运的单位成本远高于干线运输。因此，平衡服务、时效、成本三者的矛盾成为同城货运企业的重中之重。要解决这个问题，城市的道路网密度、拥堵情况、停车场信息等基础支撑变得不容轻视。

道路网密度是同城货运配送的先决条件，对运输的便利性、交付的及时性均有很大影响。依据中国城市规划设计研究院联合北京四维图新科技股份有限公司编制的《2018 年中国主要城市道路网密度监测报告》，广州市中心城区建成的道路里程为 2678. 8 公里，中心城区建成区路网总密度为 7. 02km/km^2，在全国排名第 5，路网密度表现良好。不过远低于深圳市的 9. 5km/km^2，而且距离《关于进一步加强城市规划建设管理工作的若干意见》提出的“到 2020 年，城市建成区平均道路网密度提高到 8km/km^2”目标仍有一定差距。因此，2019 年 6 月通过的《广州市市政路桥项目近期（2019—2021 年）实施计划》明确表示，争取 2019—2021 年至少开工 60 个道路建设项目，重点加快推进重大枢纽 31 条集疏运道路、7 条过江通道建设，助力广州构建枢纽型网络城市的发展新格局。

表 8-5　中国主要城市路网密度对比

排名	城市	总密度	行政区路网密度标准差	主要行政区路网密度									
1	深圳	9.50	1.41	福田区 11.67	罗湖区 10.44	南山区 8.27							
2	厦门	8.45	0.86	思明区 9.47	同安区 8.93	翔安区 8.55	湖里区 8.50	集美区 8.41	海沧区	6.68			
3	成都	8.02	0.50	锦江区 9.10	成华区 8.54	武侯区 8.46	青羊区 8.34	金牛区 7.54					
4	上海	7.10	2.48	黄浦区 14.06	虹口区 10.52	长宁区 9.04	静安区 8.39	徐汇区 7.00	普陀区 6.99	闵行区 6.97	浦东新区 6.76	杨浦区 6.32	宝山区 4.84
5	广州	7.02	1.38	越秀区 10.07	荔湾区 8.21	海珠区 7.43	白云区 6.97	天河区 6.96	黄浦区 5.55				
6	杭州	6.90	1.52	上城区 10.88	下城区 8.22	江干区 7.30	滨江区 7.12	西湖区 6.87	拱墅区 6.28	余杭区 6.26	萧山区 5.73		
7	福州	6.81	0.77	台江区 8.06	连江县 7.47	仓山区 7.41	鼓楼区 7.40	晋安区 7.12	马尾区 6.57	闽侯县 5.47			
8	昆明	6.72	0.18	西山区 6.98	呈贡区 6.79	官渡区 6.70	五华区 6.60	盘龙区 6.45					
9	宁波	6.67	1.27	海曙区 9.06	江东区 7.65	鄞州区 7.51	江北区 7.28	北仑区 5.48	镇海区 5.47				
10	合肥	6.61	0.35	包河区 7.02	蜀山区 6.52	瑶海区 6.27	庐阳区 6.08						

资料来源：中规院交通院。

依据百度地图发布的《2019 年第 1 季度中国城市交通报告》数据，在全国所有城市中，广州市 2019 年第 1 季度的通勤高峰拥堵指数排名第 39，环比上升了 6 个名次；通勤高峰平均行车速度约为 32.82 公里/小时，属于轻度拥堵，不过这里面有春节大量人员返乡、路上行车减少的因素，平时会更加拥堵。2019 年 4 月，广州市城市道路工作日平均速度为 29.47 公里/小时，晚通勤时段平均速度仅为 25.26 公里/小时，交通拥堵指数处于“中度拥堵”等级。

同城货运，除 To C 端的快递或即时配送外，更多还是配送到商超、经销商、门店等 To B 端。这类业务的最终交付涉及一定的搬运时间，因此停车场是否充足、便利，在较大程度上影响同城货运的发展。数据显示，目前住宅配套类停车场在广州市所有停车场类型中占比最高，高达 47.4%。住宅配套类停车场主要服务于小区业主，较少对外开放，与货运市场关联性不大。而商业配套类、公共类停车场的占比为 50.8%，为同城货运交付提供了较好的支撑；同时广州取消了一批内街内路停车场的营运收费，为路边门店临时搬运商品提供了便利，降低了“最后一公里”的履约成本。

表 8-6　广州市停车场类型及数量分布

停车场类型	泊位数量	占比
住宅	214718	47.4%
商业	141992	31.3%
公共	88433	19.5%
交通站场	3235	0.7%
专用	2589	0.6%
旅游景点	2464	0.5%
总计	453431	100.0%

资料来源：广州市政府数据统一开放平台。

4. 广州仓储情况

2018 年广州市国土资源和规划委员会发布《广州市城市总体规划

（2017—2035）》，今后广州在用地规模方面逐步收紧，严格控制建设用地规模，实现2020年后新增建设用地逐步递减。2018年，在广州全市产业用地规划中，交通运输（仓储）和邮政业位列第二，规划用地面积占比20.42%；2019年第一季度，广州市交通运输（仓储）和邮政业规划用地面积为334.23亩，仅占广州产业用地规划总面积的5.03%。仓储用地供应量大幅减少，这将进一步推高仓储成本，进而传导到仓租上。

奥玛物流仓储联盟平台的统计数据证明了这一点。目前，广州在线仓库数量为1189个，供应面积1674万平方米。2019年3月之前在线仓租水平约为25元/平方米·月，3月后则飙升至35元/平方米·月以上，涨幅高达40%。随着租金的上涨，越来越多的企业被迫将仓库转移至佛山、东莞、惠州，甚至肇庆等广州周边城市。

根据物联云仓平台的在线数据，截至2018年12月，广州各区仓库平均空置率为8.8%；可租面积量较大的黄埔区，空置率仅为5.3%。仲量联行的最新报告显示，2019年第一季度广州市核心地段供应有限，促使越来越多的租户转移至新建成的仓库，2019年广州仓库整体空置率下降。虽然受到中美贸易摩擦的影响，但粤港澳大湾区的发展进一步增加广州与湾区其他城市的连通性，可以对冲外部不利因素的影响，未来传统零售及电商对于仓库的需求将保持平稳；加之新建成的仓库逐渐入市，预计未来广州仓库的空置率与租金水平将保持平稳，变动幅度不会太大。

四、低谷中的香港物流

物流是香港的四大支柱产业之一，贸易及物流产值占比香港特区生产总值超过20%。根据中国香港特区政府统计处的数据，2019年第一季度，香港物流业机构单位10230家，就业人数超过18万人，平均每家物流企业员工人数约为18人，人均产出在290万港元左右。在世界银行2018年物流绩效评价中，香港的得分为3.92分，全球排名第12，亚洲排名第3。

香港货运以跨境转运为主，运输方式主要为海运与空运，香港港口每周提供约 340 班货柜船辐射全球约 470 个目的地。作为一个不淤积的天然深水港，香港港口拥有 9 个货柜码头，24 个泊位，年处理能力达到 2000 万标准集装箱，2018 年香港港口集装箱吞吐量全球排名第 7。为了发掘发展潜力，香港正在拓深葵青货柜港的港池及进港航道，将其深度由原来的 15 米增至 17 米，全部工程预期于 2020 年完成，届时特大货柜船的进出可以不受潮汐变化的影响。

香港国际机场 2006 年以来一直是全球最繁忙的机场。香港国际机场每天有约 1100 架次航班，前往全球约 220 个目的点。2018 年香港 38%的出口货物及 45%的进口货物走的是空运。香港国际机场拥有 5 个数一数二的货运站，每年货运处理能力超过 700 万吨，2018 年货邮吞吐量在全球排名第 1。目前正在修建的香港国际机场第三跑道，预计于 2024 年完工，届时香港国际机场的年货运处理能力将上升至 890 万吨。

阿里巴巴正是看中了香港全球空运枢纽中心的地位，在 2018 年 6 月联合中国航空、圆通速递，共同投资 120 亿港元，规划在香港国际机场修建总建筑面积为 38 万平方米的多层现代化空运物流中心，预计 2023 年投入使用，届时跨境电商包裹年处理量可达数千万件规模，为阿里巴巴构筑全球 72 小时必达的物流网络提供有力支撑。中通快运也不甘人后，于 2019 年 7 月宣布开通香港件派送业务，以丰富公司的产品结构体系，完善全国网络化布局，提升客户的服务体验。

除拥有良好的硬件基础条件外，香港还拥有内地口岸少有的“软”实力。作为贸易自由港，除少数商品以外，一般商品可以免征关税自由进出香港，对香港出口产品不提供任何优惠与特权，对进口的一般商品也不征收关税。香港的清关手续简便，一般只需在货物进出口前 14 天内报关即可，无须事先批准，加上香港国际机场 24 小时运营，货物由香港运往内地非常便捷。香港货运代理公司熟悉国际惯例与标准，其信息系统及运作代码与国际主要经济体更易于对接，有助于获得国际客户的信赖与订单。

但是，近期香港物流业的发展出现了较大困难。中美贸易摩擦给香港航运甚至整个物流业带来了不小的冲击。数据显示，中美两国间贸易有超过3500亿港元的货物途经香港转口，这个金额相当于香港特区生产总值的13%左右；中美贸易摩擦导致双边贸易额不断下降，2019年7月从中国发往美国的海运集装箱运输量约91.7万个，同比下降2.2%。香港自然受到影响，香港海运港口局公布的数据显示，2019年上半年，香港港口集装箱的吞吐量同比下降了8.1%，较2018全年5.7%的跌幅有所扩大，这是香港港口货运吞吐量连续第17个月下跌。空运方面也未能幸免，2019年上半年下跌幅度达6.8%。香港货运物流业协会主席胡百浠称，受中美贸易战影响，估计有20%~30%的香港物流公司受波及。与香港物流业持续下滑形成鲜明对比的是，东南亚地区成为货物转运的新基地。2019年7月的数据显示，从越南运往美国的集装箱数量同比增长了37.3%，泰国、新加坡发往美国的集装箱数量增幅均在22%以上。

香港物流业如何应对上述不利局面？除寄希望于香港各界的努力以外，还有两条路径可以供香港物流企业选择。

一是借粤港澳大湾区发展之势，进一步挖掘内地物流市场空间。《粤港澳大湾区发展规划纲要》明确大湾区将建设包含快速交通陆网、港口群、机场群等在内的现代化综合交通运输体系，构建一小时物流圈并高效辐射全球；推动实现产业协同化、贸易自由化、投资便利化等，湾区交运物流进入发展的提速期。

但是，粤港澳大湾区由于通关政策、汇率、税率等问题，连通性仍有较大提升空间。以港珠澳大桥为例，国家投入巨资，让珠海到香港的通行时间由4小时缩减至45分钟，但交通的便利并未带来我们所期望的物流；2019年前5月，经港珠澳大桥口岸的进出口货物总值为145.6亿元，货运量为9.9万吨，即每天通行货运量仅为660吨左右，如果用载重20吨的货车装运，平均每天通行车辆仅为 33 辆左右。香港 25%的空运货物、60%的海运货物均属于转运货品，其中绝大部分与内地有关，每日从珠三角到香港的过境货运车辆超过 2.1 万车次。由此可见，目前港珠澳大桥的货车通行数量，不仅远低于大桥的通行能力，而且远低于业界的期望。

未来，只有顺畅香港与内地之间的要素流动，才能有效地发挥湾区的优势并挖掘潜力，香港物流企业才能借大湾区的东风再创辉煌。为此，中国民用航空局与香港运输及房屋局于 2019 年 2 月达成协定，允许珠三角地区与香港间各式陆运、海运承运商，与指定的航空公司进行代号共享，提升交通运输的便利性及香港的交通枢纽地位。

二是通过实用型技术的输出，嵌入物流服务链条中。香港物流企业规模以中小型为主，没有充裕的资金在新技术应用上做大规模投入，因此更加讲求实效。

由于香港物流企业的现状，加上务真务实的工作作风，让香港物流业界，更加关注如何以较小的投入应用现有的物联网、人工智能等新技术，更加追求技术的实用性。内地物流行业虽然有一批千亿规模的大型物流企业，且越来越多物流企业实现了上市融资，但物流业“小、散”的大格局仍未改变，大多数物流企业的年营收在 10 亿元以下。因此，内地物流企业对香港物流企业的实用性技术必定非常感兴趣，同时香港物流业多年沉淀的有效管理经验、成熟解决方案也值得内地物流企业学习。香港物流企业则可以改变思路，以实用型技术、成熟解决方案出资，联合具有本地化优势的内地物流企业，共同开拓内地市场，进而成为物流服务链中不可或缺的环节。

五、铁路货运小高潮

铁路货运一直是大宗货物的主要运输方式，大宗货物与宏观经济、国家政策紧密相关。因此，铁路货运的需求变动趋势与社会经济发展形势有较高的关联度。例如，2008 年我国 GDP 增长率为 9.65%，同期铁路货物周转量增速达到9.6%的历史高位；之后由于外需不足、内需趋缓等原因，我国GDP增速在放缓，同期的铁路货物周转量随之减少，2015年降至-13.7%的历史最低点。此后，受益于国家在公路领域的治超治限措施，以及运输结构调整政策的影响，铁路货运周转量快速增长，2017年全国铁路货运总量约为36.9亿吨，同比增幅为10.7%；2018年全国铁路货运仍保持良好的增长趋势。数据显示，2019年第二季度，我国铁路货物发送量累计完成10.52亿吨，同比增长了8.0%；2019年4—6月，铁路货物发送量同比增幅连续3个月高于公路、水路，成绩喜人。

中国铁路总公司《2018—2020年货运增量行动方案》提出，计划到2020年，全国铁路货运量较2017年增长30%，达到47.96亿吨。其中，煤炭运输成为重中之重，占货运总量近6成，达28.1亿吨。

相关数据显示，2019年4月，全路日均货运装车14.5万车，同比增长9.8%，比2019年3月和第一季度分别提高7.7%和6.7%；2019年第二季度，我国铁路货运日均装车约15.1万车，同比增长9.3%，其中6月份日均装车创下历史最高纪录，达到15.4万车。煤炭、金属矿石等大宗货物增幅较大，集装箱、商品汽车、冷链物流等专业运输运量实现同比大幅增长。

为提振货运量，中国铁路总公司于2019年4月中旬下调部分线路矿石和煤炭运价，各路局可自主确定的最高下调幅度达30%。据报道，铁路部门自2019年4月1日起下浮铁路货物运价，取消和降低部分货运收费，预计每年向广大货主和企业让利约60亿元。

铁路货运价格改革可追溯至2017年12月，国家发展和改革委员会发布《关于深化铁路货运价格市场化改革等有关问题的通知》，指出铁路集装箱、零担各类货物运输价格，以及整车运输的矿物性建筑材料、金属制品、工业机械等12个货物品类的运输价格将于2018年1月1日开始实行市场调节，由铁路运输企业依法自主制定。至2019年，铁路部门先后取消或降低了翻卸车作业服务费、货车延期占用费、专用线代运营代维护服务费、自备车检修服务费等多项货运杂费；同时，根据货运市场的实际情况，实行差异化定价，分品类、分区域、分梯次下浮铁路货运价格，综合降低铁路货运的物流成本，促进铁路货运量的进一步增长。

除采用价格因子刺激铁路货运之外，铁路运输部门尝试应用新技术新设备来提高铁路货运的运作效率，增强铁路货运对货主企业的吸引力。

例如，武汉北编组站采用先进的编组站综合集成自动化系统（CIPS），可以像车站调度员一样自动制订解体作业计划，也可以像车站值班员一样自动开放列车和调车信号，还可以像机车司机一样控制调车机车自动推送车辆，工作人员仅需要检查确认，极大地减轻了作业人员的劳动强度。

还有新疆铁路与华凌集团共同合作开通了乌鲁木齐—伊宁城际货物快运班列，将主要依靠汽车运输的日均1300余吨的货物，改成走铁路快运班列，集货、装车、运行、到达、提货等全部物流环节24小时内完成，有效地满足了客户高效化的物流需求。

同时，铁路部门及时启动货车与集装箱采购，集中整治破损敞车，增加万吨列车的开行，加强调度指挥管理，加快车辆周转，保障货运通畅。通过综合应用以上措施或办法，加大了铁路运力的投放，确保了铁路货运增量攻坚战的最终胜利。

采用集装箱这种单元化运载装备，有利于机械作业，在提高铁路运输装卸效率的同时有助于减少货损货差；如果采用的是标准箱，还有利于发展海铁联运，减少货物转载。2013年以来，铁路部门积极开拓白货运输市场，逐渐优化铁路集装箱箱型、集装箱场站、信息系统、多式联运等方面的基础条件，有力地促进了铁路集装箱运输的发展壮大；2010—2018年9年间，我国铁路集装箱发送量年均增长率达到13.5%，保持快速增长的态势。一个典型例子是钦州铁路集装箱中心站的建设与开通，使钦州铁路集装箱的年装卸能力由原来的15万标准箱快速提升至105万标准箱，装卸车由每天4列提升至每天20列以上；同时，实现了海运、铁路、公路集装箱运输的无缝衔接，打破了广西北部湾地区海铁联运“最后一公里”的“瓶颈”约束。

此外，在铁路货运市场，还有一个不得不谈的“新秀”——高铁货运。自 2008 年 8 月 1 日我国第一条高铁线路京津城际列车开通以来，10 年间，我国高铁从无到有，搭建起“四纵四横”主骨架，并逐渐形成覆盖中西部地区的“八纵八横”高铁网络。据了解，2018 年我国高铁运营里程超过 2.9 万公里，2019 年投产的高铁新线高达 3200 公里。2016 年 7 月，国家发展改革委、交通运输部、中国铁路总公司联合印发《中长期铁路网规划》（发改基础〔2016〕1536 号），设计到 2020 年我国高铁营运里程将达到 3.0 万公里。目前，高铁货运已遍布全国 500 多个城市。相比传统铁路货运服务，高铁快运具有时效快、品质优、标准高、全天候的特点，涵盖当日达、次晨达、次日达、隔日达、特定达等多种方式。市场多方主体均看到其中的商机，纷纷加大在高铁货运方面的投入。2019 年 2 月，首个高铁快运物流基地落户四川广元，规划主要运送高附加值产品；2019 年 3 月，南昌宣布建造高铁快运物流基地，加快联运枢纽建设；同期，苏宁物流与中铁快运首次合作，发展高铁货运业务。

一方面，国家引导和支持公转铁、铁水联运等更加环保的运输方式；另一方面，铁路货运通过降价、提升效率等措施，努力满足更多客户的需求。得益于国家防治污染行动在交运领域的展开与扩围，以及促进公转铁的相关政策规划的落地，在内外各方引导、推动之下，铁路货运终迎来发展的新高潮。

六、菜鸟网络的“轻资产”

2019 年 9 月 10 日，马云正式卸任阿里巴巴董事局主席。在过去的 20 年里，马云以其战略眼光及布局改变了诸多产业，颠覆了传统商业模式，特别是电商物流。提起电商物流，我们就不得不提马云一手打造的“菜鸟”——一个别人学不会的物流平台。

经过 6 年的努力与积累，2019 年菜鸟的物流网络触角已经覆盖全球 224 个国家和地区，并且下沉到了国内近 3000 个区县；接入快递员超过 300 万人次，建设开通的转运线路 609 万条，集运干线约 3000 条，全国拥有超过 4 万个菜鸟驿站。在收入端，阿里巴巴最新季度财报（2019 年 8 月 15 日发布的截至 2019 年 6 月 30 日的 2020 财年第一财季未经审计财报）显示，阿里巴巴旗下菜鸟网络本季度营收为 50.05 亿元，同比增长 50%，在总营收中的占比为 4%。为什么菜鸟网络能在短短 6 年时间里，快速成长为物流业的重要一极？菜鸟的“轻资产”模式值得我们深入探讨。

1. 重货源

研究机构 eMarketer 的数据显示，2018 年中国零售电商的市场份额中，阿里巴巴以 58.2%占据首位；其体量规模是京东的 3.5 倍，是拼多多的 10 倍有余。阿里巴巴 2019 财年的数据显示，阿里巴巴中国零售业务板块网站成交金额（GMV）超过 8500 亿美元，同比增长 18.8%。这给物流企业带来了大量快递订单，仅 2018 年天猫“双十一”当日，菜鸟网络流转的物流订单便达到 10.4 亿笔，同比增长 28%；早在 2017 年，菜鸟网络平均每日运送的物流订单量已接近 7000 万笔。

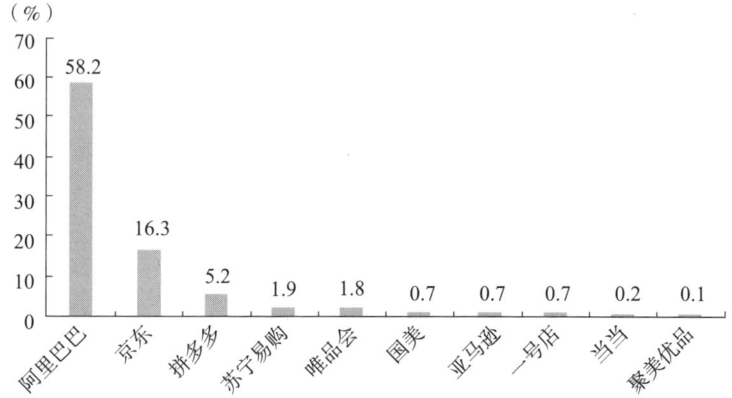

图 8-5 2018 年中国网购各大电商市场份额占比

资料来源：eMarketer、招商证券。

物流无法脱离商流而单独发展，货物交易产生位移物流需求，近几年电商交易市场的快速发展带动了快递物流的发展。阿里巴巴占据中国电商市场的半壁江山，产生了大量快递收寄需求。因此，多数快递企业或主动或被动都投向了阿里菜鸟网络这个订单大户。

2. 重技术

菜鸟网络通过整合物流公司、商家、消费者以及第三方社会机构的数据，致力于实现物流过程的数字化、可视化，使物流公司和商家的信息对称化程度获得极大提升，建立数据驱动的云供应链协同平台。菜鸟网络通过物流雷达预警、智能分仓、四级地址库以及电子面单等信息化产品大幅提高了整个物流过程的库存效率、商品处理效率以及送达的准确率。

2014 年，菜鸟网络开始推行电子面单，电子面单使用率从不足 5%迅速提升至如今的 90%左右，并与物流云一起，成为物流行业的基础设施。电子面单统一了物流数据标准，提升行业数字化应用水平，物流信息透明化程度得到提升，信息更易于跟踪。2015 年底，菜鸟网络组建了“E. T. 物流实验室”，招集一批来自全球知名院校、科研单位的高精尖技术人才，并相继推出智能分单、五级地址库等多项创新性产品。

据菜鸟网络副总裁、智行院院长陈威如介绍，菜鸟网络 2/3 的员工是工程技术人员，技术团队人数超过千人。菜鸟网络先后成立了杭州、北京两个技术中心，加大对前沿科技的探索研究，重点发力物联网、人工智能等领域，以打造物流数字化发展的技术引擎。2019 年 1 月，菜鸟网络位于南京的全球首个物联网机器人分拨中心开始运营；2019 年 3 月，由菜鸟网络自主研发的新能源快递无人车在雄安新区投入使用；同期，菜鸟网络联合中信证券等企业，成功发行中国智能骨干网仓储资产支持专项计划，获批规模 50 亿元，首期发行 10. 7 亿元。菜鸟网络方面表示，此次专项计划发行所募资金主要用于推进建设菜鸟骨干网，包括对技术创新研发的持续投入，提升相关物流要素效率等。

3. 重股权

菜鸟网络在发展过程中，通过逐步加强对各主要合作伙伴的股权投资与渗透，增强了自身的话语权。早在2008年，阿里巴巴便联合富士康向百世投资了1500万美元，百世成为最早被纳入菜鸟物流生态体系的物流企业。经过多轮投融资，目前阿里巴巴持有百世约28%的股份，成为其第一大股东。之后，阿里巴巴、菜鸟及其相关基金，先后投资心怡科技、卡行天下、圆通、中通、申通、日日顺、饿了么等物流企业，逐步构建起仓、干、配（含即时配送）等全域物流生态体系。如今，阿里系拥有圆通约17%的股份，中通10%的股权，申通约15%股权；未来根据协议若行权完成后，阿里巴巴将累计获得申通46%的控股权，主流电商快递企业中，只有韵达快递还没有接受阿里巴巴的投资。

2019年5月正式亮相的丹鸟，是由菜鸟联合多家落地配公司共同推出的全新服务品牌。数据显示，丹鸟的业务范围覆盖华南、华东、华北、华中、西南、西北、东北七大区，运营的运输线路超过4000条，拥有70多个分拨中心、3000多个配送站点、5万多名配送人员，日配送能力超过500万单，成为配送领域一支不可忽视的力量。在丹鸟的演进发展过程中，我们可清晰地看到菜鸟通过股权的逐步渗透，控制相关物流企业并形成自身核心资源能力的战略路径。

实际上，菜鸟入住本地配送服务由来已久。早在2015年之前，类似于仓储端与心怡物流的合作，天猫超市的配送业务便与万象物流、晟邦物流、芝麻开门等企业合作；2016年后，菜鸟陆续入股黄马甲快递、成都东骏快捷物流、上海万象、南京晟邦物流、浙江芝麻开门5家落地配公司，所占股份为10.2%~40.0%。2018年3月，菜鸟网络更是全资收购以上5家配送企业，并在此基础上，于同年9月组建菜鸟新零售配送联盟，简称“新配盟”；新配盟进而打通系统、管理、组织和文化等维度，经过磨合与积累，服务能力得到了锻炼与提升。2019年5月，新零售配送联盟进行品牌升级，正式推出“丹鸟”，此时菜鸟对“丹鸟”的持股比例高达50.7%。

也就是说，阿里菜鸟主要通过投资、收购浙江芝麻开门、南京晟邦物流有限公司、成都东骏快捷物流等多家区域性落地配公司构筑了自己的服务体系与竞争力。

三点成一面，三爪吊钩便可以抓稳货物。阿里菜鸟网络正是以货源（物流订单）、技术、股权这三个关键点，牢牢掌握了其所需的物流资源，并转化为物流能力。看似“轻资产”的菜鸟网络并不轻，拥有普通物流企业无法比拟的优势，即货源量及对货源的控制力；即使是大型的合同物流企业，也无法主动创造物流订单。

当然，菜鸟的劲敌已经出现。2019年8月，拼多多创始人及首席执行官黄峥宣布拼多多正在开发“新物流”技术平台，采用轻资产、开放模式，通过技术为商家和用户提供解决方案。这一模式跟菜鸟十分相似。

但菜鸟通过以上三点已经牢牢掌握了快递领域的话语权，拼多多虽然发展态势迅猛，但做物流跟做商流并不一样，需要慢慢耕耘。换言之，物流发展无捷径，需要不断投入，建立多层次的物流产品体系才是根本。菜鸟如今的成效是阿里巴巴多年来提供的顶级商流“滋养”起来的，并非一蹴而就。

马云留下的“菜鸟”江湖，“轻资产”模式，你学不会。

七、阿里菜鸟的“三鸟”

2013年，阿里巴巴与顺丰、“三通一达”（申通、圆通、中通、韵达）等快递企业联合组建了“菜鸟网络科技有限公司”。菜鸟网络成立之初，便明确了其作为物流数据平台的角色定位，除阿里巴巴自身体系外，汇集的数据源还包括消费者、商家、物流公司以及其他社会机构的相关数据。

不过，在经营管理过程中，阿里菜鸟发现物流是一个庞大的、复杂的行业，物流网络的搭建与升级，不仅需要线上的物流科技，更需要线下的物流资源；同时意识到单靠一只“鸟”很难做深、做强，在不同的细分物流领域需要有不同的打法。因此，2019 年 5—6 月，阿里菜鸟逐次对外公开了其“三鸟”布局，即丹鸟、溪鸟、蜂鸟；其中，丹鸟主攻城市落地配送，溪鸟主攻县域快递共同配送，蜂鸟主攻时效性最强的即时配送。

1. 丹鸟

2019 年 5 月 28 日，丹鸟物流正式亮相 2019 全球智慧物流峰会。在首场品牌发布会上，丹鸟首席执行官李武昌宣布，将运用数字化技术和智能算法，联合配送网络上下游，对全国落地配服务进行升级，为商家提供多种解决方案，为消费者提供本地生活的优质物流体验。据了解，丹鸟是由菜鸟联合东骏物流、万象、芝麻开门、晟邦物流等多家落地配公司共同推出的全新配送服务品牌，不同于“通达系”快递公司，其专注于提供区域性、本地化配送服务，致力于做具有极致体验的本地生活物流服务商。

丹鸟在经营过程中，逐步形成了三种服务模式、两种基础服务、四种时效产品、九种增值服务的服务产品矩阵；以此为基础，根据不同行业的属性与需求，定制开发相应的行业物流解决方案。

三种服务模式分别为 B2C 仓到门模式，强调为商家提供一站式仓到门服务并降低物流运输成本；B2B 配送上门模式，突出帮助商家解决扩展商品交付范围、降低渠道铺货成本、实现货品通路的深度下沉等问题痛点；O2O 即时配送模式则主要应用于快时效要求的生鲜、蛋糕、鲜花等配送业务，时效要求可达 0.5~2 小时。

两种基础服务是指送前电联、送货上门。送前电联服务要求礼貌问好，与客户确认送货时间；送货上门服务则要求按需送货上门、验货、签收。

四种时效产品是指当日达、次日达、次晨达、隔日达。当日达要求当天 11 点前收寄的货物于当日 20 点前完成配送；次日达要求当日收寄送的货物于次日 21 点前完成配送，不同城市有不同的截单时间，最晚 24 点；次晨达要求当天收寄的货物于次日 12 点前完成配送，目前正于华东大区试运行；隔日达要求于“T+2”时间内完成配送，满足特殊、偏远需求。

九种增值服务分别指保价服务、短信通知、留站暂存、私密面单、订单拦截、上门取退、站点自提、协商再投、签单返还。

阿里丹鸟通过投资区域性落地配公司构筑其服务体系与竞争力。经过品牌全新升级，丹鸟和快递公司相互补充，共同服务消费者和商家的新需求，进一步提升了阿里系电商配送服务的用户体验。

在全资收购并整合了 5 家落地配企业之后，丹鸟采用一种准自营的业务模式，业务上主要服务天猫超市、电视物流、新零售配送等场景，其优质客户大部分来自阿里系或与阿里巴巴相关的企业，如盒马云超、零售通、阿里健康、天猫超市、家乐福、当当、易果生鲜等；从 2019 年 8 月起，丹鸟开始全面承接天猫平台榨汁机、烤箱、电饭煲、微波炉等小家电配送。

“丹鸟在 1.0 阶段，聚焦于生鲜、鲜花、母婴等领域，主打中件服务，通过服务触点，积累应用场景和用户，聚合配送能力模型。”李武昌表示，丹鸟可以为商家提供包括运输、配送、客服、售后服务的综合物流解决方案。

未来，丹鸟将借助菜鸟的大数据沉淀，建立数据化配送模型，迭代升级其配送模式，更加智能地调配人、车、货、场等资源；并将新模式的价值开放赋能给新零售行业，更好地匹配商家多样化、快速的履约需求，提升配送链条的全链效率。

向着数字化、差异化、创新能力三个方面努力，丹鸟以数据为驱动，依靠大数据沉淀、模式迭代升级，运用数字化技术和智能算法，从适度、调度、深度、温度四个方面为商家和消费者提供差异化的价值服务，通过全链路的打通、优化和可视化，在区域配送本地化上探索创新服务模式。

2. 溪鸟

丹鸟品牌亮相没多久，阿里“溪鸟”也浮出水面。资料显示，“溪鸟”全称为杭州溪鸟物流科技有限公司，由菜鸟网络100%控股，法人代表为熊健。熊健为阿里菜鸟的初创人员，曾担任农村事业部总经理一职，主要负责村淘业务。而溪鸟的执行董事则为菜鸟网络首席执行官万霖，可见阿里巴巴对溪鸟的重视。

从公开资料来看，溪鸟物流立足于县域物流市场，旨在通过系统和技术手段，以商业模式创新为突破，为面向三四线以下城市的共同配送提供技术平台服务，以此优化快递行业配送成本；和阿里巴巴集团业务紧密协同，为县域农产品企业提供基于仓储配送“一揽子”供应链解决方案。

另据报道，溪鸟目前正在招聘“乡村共配产地仓产品运营”“乡村共配网络运营”等运营岗位人员，加快阿里巴巴在农村物流领域的布局。不过，作为一只刚落地的“雏鸟”，溪鸟物流仍是嗷嗷待哺，还需要阿里菜鸟投入更多资源加以扶持。新成立的溪鸟物流，未来主要开拓县域物流中快递末端网点的共同配送，这就要求菜鸟必须强化其对各家快递企业的话语权，才能跨过内部利益重新分配这个门槛，说服或要求通达系与百世将县域及以下区域的快递件统一以实现共同配送。为此，菜鸟2019年加大了对通达系的股权投资，截至2019年7月，阿里巴巴投资46.6亿元，间接获取了申通14%的股权；同时，阿里系资金占有百世29%股份，为其第一大股东。另外，阿里系资金合计持有圆通快递17%的股权、中通快递约10%的股权。

近两年，相关部门频频发文，要求围绕城乡双向流通、高效配送，聚焦农产品、快消品、药品、日用电子产品、汽车零部件、家电家具、纺织服装，以及餐饮、冷链、物流快递、电子商务等重点行业领域，推动城乡高效配送体系建设。无论是众多物流企业努力探索的服务于“三农”的有效物流模式，还是各大电商平台的农村战略布局，都描绘了一幅“双向物流”的美好前景，即工业品下乡、农产品进城。溪鸟的布局，一方面是响应国家乡村振兴战略的实施；另一方面，是在寻找解决物流成本高居不下、物流效率低下的农村物流老大难问题之策。

溪鸟物流如何走？如何建立服务、成本、效率三者相平衡的新型农村物流体系？我们还不得而知，但以菜鸟在农村物流领域的多年耕耘，以阿里村淘电商的多年积累，以及其背后雄厚的资金实力，仍然可以对其报以期望。

3. 蜂鸟

2019 年 6 月 5 日，饿了么宣布其旗下的即时物流平台蜂鸟品牌独立，并将品牌升级为“蜂鸟即配”。同时，饿了么宣布在未来 3 年时间里，蜂鸟将建设 2 万个全数字化的即配站，建立数智化的开放即配生态，将服务拓展到更多行业和区域。

阿里巴巴收购饿了么后，就将蜂鸟划入了“三公里理想生活圈”，为淘宝、天猫、苏宁、盒马鲜生提供 30 分钟的上门服务，盒马的“半小时达”和 24 小时家庭救急服务、“天猫超市一小时达”，以及众多一线品牌“线上下单门店发货两小时达”等服务背后都有蜂鸟的身影。根据饿了么提供的资料，从星巴克“专星送”在 30 多个城市落地，到数千家大型商超的外卖配送，再到药品配送、天猫小店订单配送等，在蜂鸟融入阿里巴巴经济体的一年多里，本地即时配送体系已经成为阿里巴巴新零售的关键基础设施之一。可见，蜂鸟早已不再局限于饿了么的圈子，而是乘着阿里巴巴新零售的东风迅速拓展、外延。

阿里巴巴集团合伙人、阿里巴巴本地生活服务公司总裁王磊表示，蜂鸟的全面升级，不仅意味着阿里巴巴本地生活的核心竞争力的升级，更标志着本地即时配送行业的新一轮变革已经开始。本次品牌升级不仅是设备的升级，更是阿里巴巴整个经济体的打通。

王磊强调了蜂鸟在三四线城市的进展，随着饿了么加快在三四线城市的业务布局，蜂鸟建立的智能化本地即时配送网络同时在更多城市拓展。从 2019 年起，蜂鸟具备了全国性的配送网络；而在全面融入阿里巴巴集团生态系统后，蜂鸟进行了一系列整合。与商超品牌保持联动，服务包括大润发、星巴克、天猫小店、阿里健康等各个领域合作伙伴的即时配送，并在这一过程中积累和沉淀了服务于不同行业的经验，本地即时配送体系已经成为阿里巴巴新零售的关键基础设施之一。王磊认为，在这个时间点，蜂鸟所具备的全国性配送网络，以及服务于各行业的能力，可以开放给客户、全行业。

蜂鸟配送还与星巴克、阿里健康、各大线下商超合作，为食品、医药、商超日用、鲜花、生鲜等全品类商品提供即时配送服务。饿了么联合创始人兼首席运营官康嘉称，配送行业是从餐饮外卖出发的，但到今天，商超、果蔬等都已成为即时配送的对象。随着服务边界的不断拓展，未来将是万店即配的时代，灵活高效的物流一定会助推商流。

与此同时，美团正式推出新品牌“美团配送”，并宣布开放配送平台，将在技术平台、运力网络、产业链上下游等方面向生态伙伴开放多项能力。随着蜂鸟即配的品牌独立升级，或意味着蜂鸟与美团在即时配送领域将展开更为激烈的全面竞争。

八、东南亚电商物流，蓝海还是红海？

东南亚地区包括印度尼西亚、马来西亚、泰国、新加坡、菲律宾、越南、老挝、柬埔寨等 11 个国家，地区总人口约 6.6 亿人，人均 GDP 超过 4500 美元。随着人口的快速增长及城镇化率的提升，东南亚成为世界最具经济发展潜力的地区之一。

谷歌和淡马锡的报告显示，东南亚地区互联网用户已过 3.5 亿人，超过 90%的东南亚地区当地人主要通过移动设备连接互联网。报告还指出，到 2025 年，东南亚互联网经济价值预计将超过 2400 亿美元，比 2018 年高出400亿美元。届时，东南亚地区的电商市场价值预计将达1020亿美元，占该地区互联网经济总价值的40%以上。

据iPrice Group与App Annie发布的2019年第一季度东南亚最常用移动购物应用程序榜单显示，东南亚电商巨头Lazada及其竞争对手Shopee在2019年第一季度可谓是并驾齐驱。Shopee平台的月均网站访问量（包含PC端和移动端）达到了1.844亿次，而Lazada平台也有1.797亿次，二者非常接近。

另据Statista公司的数据，东南亚地区第二大电商市场泰国，其电商市场收入2016—2020年年均复合增长率预计可达18.0%，2020年，泰国电商市场规模将高达58.3亿美元。

庞大的年轻用户群、走高的互联网渗透率、快速发展的电子商务，东南亚这个蓝海市场吸引了越来越多的中国企业入驻。2018年底，伊利全资子公司收购了泰国The Chomthana Company Limited 96.5%的股权，该企业是泰国本土最大的冰激凌和冷冻食品分销企业，拥有较为完善的产业链布局及冷链设备设施，旗下的产品供应泰国和周边13个国家；本次收购帮助伊利强化了其在东南亚市场的优势，对于伊利的海外布局具有重大意义。与此同时，蒙牛也不甘其后，积极向东南亚市场输出品牌与产品。不过蒙牛选择的路径是直接在印度尼西亚爪哇建厂，这是中国乳业品牌在东南亚的第一家工厂；蒙牛希望以工厂为供应原点，通过印度尼西亚辐射整个东南亚市场。

家电领头企业美的与海尔也以“自主品牌+收购品牌”双轮市场驱动策略，积极开拓东南亚市场。美的耗资约4.73亿美元收购东芝品牌，使其在泰国、越南的市场份额快速增长；海尔则收购费雪派克、Aqua、Elba等品牌。从2018年市场情况来看，美的、海尔收购的品牌各自贡献了两家企业在东南亚地区的主要销售，其自主品牌在东南亚地区已具备一定影响力。

1. 国内物流巨头加紧布局

不仅货主企业积极布局东南亚市场，国内物流巨头也都看好东南亚电商这片蓝海，纷纷加紧布局东南亚物流市场。电子商务的快速发展带动了电商物流的快速增长，东南亚地区快递业务量由 2015 年的 80 万件/天，增长到 2018 年的 300 万件/天。同时，东南亚地区的物流发展水平相对落后，物流基础设施薄弱，物流体系不完整，物流时效性难以保证，这为国内物流巨头开拓东南亚物流服务市场提供了大展拳脚的机会。

2019 年，顺丰在东南亚的频繁布局引发市场的关注。2019 年 3 月中旬，继在越南、缅甸陆续成立合资公司之后，顺丰又与印度尼西亚 Triputra 集团及本土知名电商企业成立新的合资公司，共同推进印度尼西亚在线电商和快递物流的发展。按照顺丰控股方面的说法，顺丰看中的是印度尼西亚人口的年轻化和互联网与电商发展所带来的巨大潜在机遇。综合顺丰在越南、缅甸、印度尼西亚的投资，可以发现一个共同特征，即联合当地有影响力企业，做轻量化投资，快速切入当地市场，多点开花。通过更为灵活的发展战略，结合国外的市场与商业环境，以“轻重结合”模式达成更具开放性合作。

百世快递则从泰国切入，在泰国铺设 4 个运营中心、71 个区域网点和 500 多家门店，采用“自建快递分拨+末端网络加盟”模式，帮助其实现对泰国的全境覆盖。未来，百世快递在泰国的门店网点将扩充到 2000 个以上，届时可实现全区域路由直发，继而推进仓配一体、跨境一单到底等服务产品，有力地保障了次日达服务的时效标准。百世快递计划以泰国为基点，将业务延伸扩展至马来西亚、新加坡、越南等东南亚其他国家，以满足其旺盛的电商物流需求。

京东物流 2018 年高调进军东南亚物流市场，在印度尼西亚的 7 大岛屿、483 个城市和 6500 个区县上线“分钟级”配送服务，85%的订单在 24 小时内送达。优质的时效服务产品推动了京东电商平台在当地快速发展，京东印度尼西亚站点的月交易量已超过2000万笔，击败了当地众多老牌电商平台。同时，京东在泰国投资1900万元，优化物流网络并开通了“211”服务，又与DHL、日邮物流、嘉里物流等完成物流系统对接及订单压力测试，帮助京东物流“211”限时达服务覆盖泰国全境。京东物流因在东南亚地区的快速布局带来了3000个左右的人才缺口。为了更好地解决人才短缺问题以支撑京东物流在当地的发展，京东物流于2019年1月与同济大学中德职业教育联盟开展合作，共同培养与跨境、智能、海外等业务需求相吻合的海外物流人才。

此外，我们看到Lazada被阿里巴巴收购之后，开始着手加强打造FBL（Fulfilment By Lazada的缩写形式。FBL是Lazada开展的一项配送服务，Lazada将全程监管配送服务，负责处理、包装和运输订单。物品存储在Lazada的仓库中，Lazada只对发货的订单数量收取混合手续费）服务；Tokopedia在获得11亿美元融资之后，也将资金投向为用户提供“基础设施即服务”的服务；Shopee则不断在物流渠道上加码，如在当地与“四通一达”级别的服务商合作，完成“最后一公里”的投递；而Ninja Van基于电商需求打造整体派送模式，通过投资搭建车队、物流仓库和网络来提供高效可靠的派送服务。

2019年7月，准时达发布其国际海铁联运综合解决方案，该方案主要模式是揽收来自东南亚地区的货物，集中到厦门海沧站中转，再搭乘中欧班列，发往欧洲各地。据了解，应用该解决方案可以改善供应链运营效率，与传统纯海运方式相比时效提升20%以上，与单纯的空运相比成本可降低80%，且资金周转率整体可提升25%以上、库存周转率可以提升65%以上。

2. 风险与阻碍不容忽视

在看好东南亚电商市场发展前景的同时，我们也不能忽视东南亚电商市场潜在的风险与阻碍，主要有以下四点：

（1）各国语言文化不同、管理规定各异，且贫富差距明显。东南亚地区只是一个地理区域概念，并未形成统一的市场，各国差异较大，市场开发难度大。

（2）东南亚各国物流基础设施薄弱，岛屿众多，仅印度尼西亚就有上万个岛屿，超过6000个岛屿有人居住，物流与供应链压力大。由于人口密度大、交通拥挤且地址格式不统一，实现高时效的门到门配送困难重重。东南亚各国的物流基础设施参差不齐，航空运输资源匮乏，一些国家的邮政服务水平低。在东南亚地区，一般快递抵达用户手上需要7~10天。“最后一公里”物流问题，是东南亚地区电子商务发展的最大“瓶颈”。

（3）东南亚各国民众普遍喜欢货到付款，卖家资金周转与回笼压力大。数据显示，58%的东南亚地区消费者对在网上分享财务信息的安全性表示担忧，东南亚各国商户和消费者彼此之间的信任度不高，消费者对在线交易持谨慎态度。东南亚各国的普通消费者更愿意接受“货到付款”的支付方式，这一比例占所有支付方式的67%；此外，东南亚地区的一些消费者习惯于借用朋友的信用卡在线购物、使用短信手工支付等。

（4）由于很多消费者填写的地址不明确，加上货到付款模式下有较多买家不取货，致使东南亚地区的妥投率较低，退货比例高达10%，这给卖家和物流服务商造成了很大困扰。